促进企业自主创新的
税收优惠政策研究

刘小春 ◎ 著

中国财经出版传媒集团

经济科学出版社
Economic Science Press

图书在版编目（CIP）数据

促进企业自主创新的税收优惠政策研究/刘小春著.
—北京：经济科学出版社，2022.1
ISBN 978－7－5218－3388－1

Ⅰ.①促⋯　Ⅱ.①刘⋯　Ⅲ.①企业管理-财政政策-
研究-中国　Ⅳ.①F812.0

中国版本图书馆 CIP 数据核字（2021）第 013765 号

责任编辑：顾瑞兰
责任校对：李　建
责任印制：邱　天

促进企业自主创新的税收优惠政策研究
刘小春　著
经济科学出版社出版、发行　新华书店经销
社址：北京市海淀区阜成路甲 28 号　邮编：100142
总编部电话：010-88191217　发行部电话：010-88191522
网址：www.esp.com.cn
电子邮箱：esp@esp.com.cn
天猫网店：经济科学出版社旗舰店
网址：http://jjkxcbs.tmall.com
固安华明印业有限公司印装
710×1000　16 开　13.25 印张　210000 字
2022 年 5 月第 1 版　2022 年 5 月第 1 次印刷
ISBN 978－7－5218－3388－1　定价：66.00 元
（图书出现印装问题，本社负责调换。电话：010－88191510）
（版权所有　侵权必究　打击盗版　举报热线：010－88191661
QQ：2242791300　营销中心电话：010－88191537
电子邮箱：dbts@esp.com.cn）

　　本专著受江西现代农业及其优势产业可持续发展的决策支持协同创新中心、江西农业大学乡村振兴战略研究院、江西省农业农村厅"农业重大技术协同推广机制研究"项目联合资助,在此表示感谢。

前　言

　　创新是经济社会发展的原动力，每次工业革命与社会重大变革的出现，都离不开创新。创新引领经济社会发展，国家可以依靠强有力的创新能力获得话语权、引领世界，从而在国际竞争中立于不败之地；企业可以利用强有力的创新能力获得标准制定权以引领行业，从而在市场竞争中立于不败之地。创新有利于资源利用效率的提高，有利于管理水平的提升，从而提高全社会的福利水平。党的十九届五中全会指出，"要强化国家战略科技力量，提升企业技术创新能力，激发人才创新活力，完善科技创新体制机制"。

　　创新如此重要，以致无论是国家还是企业都非常重视创新，尤其是企业，因为企业创新是各国创新的主要力量。但是，企业创新又面临着诸多风险和挑战，创新还存在效益外溢性的特点，这就使企业创新的积极性受到较大影响。如何减少或消除此类影响、提高企业创新的积极性，各国都采用了许多方式，如立法保护创新、制定相关政策尤其是税收优惠政策鼓励支持创新，使创新的外部效应内在化。但立法保护企业创新、制定税收优惠政策鼓励支持企业创新是否能真正达到政策制定的目标，是否真的有利于支持企业自主创新，其效果如何，以及如何顺应时代变迁调整优化这些政策，是我们亟待思考的问题。

　　本书聚焦企业自主创新，在综述现有研究成果的基础上，利用《中国统计年鉴》《中国科技统计年鉴》《全国企业创新调查年鉴》的宏观统计数据以及从万得资讯（Wind 资讯）、国泰安（CSMAR）数据库筛选出 2014 ~

2016年连续三年被认定为高新技术并享受15%优惠税率的744家企业的相关财务指标和研究开发微观数据，采用文献研究、比较分析、归纳演绎等定性研究方法，梳理税收优惠政策促进企业自主创新的理论依据，并对促进企业自主创新的税收优惠政策进行理论模型推导，深入分析我国企业自主创新现状及相关税收优惠政策，总结促进企业自主创新税收优惠政策存在的问题，并梳理世界部分国家促进企业自主创新的税收优惠政策典型经验做法。

同时，本书还采用横截面个体加权广义最小二乘法、描述性统计中的频数分析及方差分析等定量研究方法分析我国企业自主创新的总体状况，尤其是对税收优惠政策促进企业自主创新的总体效应，税收优惠政策与财政补贴政策促进企业自主创新效应的比较，税率型税收优惠政策与税基型税收优惠政策促进企业自主创新的效应比较，不同类型税收优惠政策促进企业自主创新效应分企业的所处行业、所处地区、所有制性质、成长阶段进行异质性实证计量模型检验，得到以下结论。

一是通过对我国企业自主创新现状及其存在问题的研究，发现企业自主创新经费投入额度逐年增加，但增长幅度逐年下降；研究与试验发展（R&D）人员数量有所增长，但增长幅度较低；自主创新产出质量不高，知识产权受侵权案件普遍存在；企业自主创新的行业和区域差别都较为明显。企业自主创新表现出研发投入相对不足，基础性研究和核心技术相对较弱，科研成果产出所带来的市场价值较低，企业创新实力不足且地区、行业发展不平衡，企业自主创新的法律、审批制度和专利保护等环境欠佳，企业自主创新的国际竞争力较弱，促进企业参与协同创新的税收优惠政策匮乏等特点。

二是通过对我国现行促进企业自主创新的税收优惠政策发展历程和现状的研究，发现促进企业自主创新的税收优惠政策主要包括企业创新准备阶段、企业研发环节、企业产品中试阶段、产业化阶段和鼓励科研成果转化阶段等的税收优惠政策。现行税收优惠政策存在的问题主要有税收优惠政策内容不够系统全面、深入细致和清晰明确，税收优惠政策方式较为单

一、针对性不强，税收优惠政策制定管理、部门协调管理和区域协调管理不够严密。

三是通过对税收优惠政策促进企业自主创新的实证检验研究，发现税收优惠总体促进企业的自主创新投入效果显著。税收优惠政策和财政补贴均显著促进企业自主创新投入，但财政补贴政策促进企业自主创新投入优于实际税率即税收优惠政策。加计扣除优惠强度即税基型税收优惠政策促进企业自主创新优于税收优惠强度即税率型税收优惠政策。不同类型优惠政策促进不同特征企业，包括不同行业企业、不同所有制性质企业、不同发展阶段企业以及不同地区企业自主创新的差异较大。具体为从行业异质性角度看，税收优惠政策促进其他行业（含科技服务业）的自主创新的效用更好，制造业次之，促进信息传输业和建筑业企业自主创新的效果不明显。从所有制异质性角度看，税收优惠促进其他所有权性质企业（包括公众企业、外资企业和集体企业等）、地方国有企业和民营企业自主创新的效应更强，促进效应最佳的是民营企业，其次是其他企业，再次是地方国有企业，税收优惠促进中央国有企业自主创新的效应不够明显。从企业发展阶段异质性角度看，税收优惠促进不同发展阶段企业自主创新最显著的为创业板企业，其次是中小板企业，促进主板企业自主创新的效应不显著。从企业所处地区异质性角度看，税收优惠促进东北地区企业自主创新的效用最显著，中部地区次之，接着是西部地区，最后是东部地区。

四是通过梳理世界部分典型国家税收优惠政策促进企业自主创新的经验，给了我国很多启示，有不少值得我国借鉴。归纳起来主要包括税收优惠总体力度较大、税额型税收优惠类型增强、激励成果转化的税收优惠强化、企业亏损接转时间较长、促进协同创新是各国税收优惠支持的重要方向、税收优惠政策制定统一且谨慎、税收优惠政策评估及时并具导向性、税收优惠政策实施较为适度及稳定、税收优惠政策定位较为精准及灵活等启示。

基于此，应根据四大研究结论，并结合我国当前推进供给侧结构性改革、促进经济高质量发展、将科技自立自强作为国家发展的战略支撑、不断完善国家创新体系、加快建设科技强国等具体情况，在加快制定有利于实现财政法治化原则、税收效率原则、税收公平原则等促进企业自主创新税收优惠政策基本原则的基础上，从提升企业自主创新税收优惠政策权威、明确企业自主创新税收优惠政策重点、规划企业自主创新税收优惠政策内容、完善企业自主创新税收优惠政策方式、加强企业自主创新税收优惠政策管理等方面优化促进企业自主创新的税收优惠政策体系。同时，从完善科技投入政策、完善金融支持政策、完善政府采购支持政策、完善人才培养支持政策、完善知识产权保护政策等方面完善促进企业自主创新的相关配套政策。

目　录

第 1 章

导　论

1.1　选题背景及研究意义

1.1.1　选题背景

科学技术是第一生产力。科学技术是先进生产力的集中体现和重要标志，更是社会经济发展的重要源泉和动力。特别是 21 世纪以来，以 3D 打印、物联网、云计算、区块链、VR 及人工智能等为代表的新科技革命迅猛发展，孕育着新的重大颠覆性突破，这将深刻改变经济社会发展的现有面貌。2005 年 10 月，党的十六届五中全会提出全面贯彻落实科学发展观，启动实施自主创新战略，增强国家自主创新能力。同年 12 月，国务院印发的《国家中长期科学和技术发展规划纲要（2006—2020 年）》指出，要通过 15 年左右的努力，到 2020 年实现使我国进入创新型国家行列的目标。党的十七大进一步提出，要加快提高自主创新能力，推进创新型国家建设，同时将自主创新正式确立为国家发展战略的核心和提高国家综合国力的关键。党的十八大提出实施创新驱动发展战略，并指出科技创新是提高全社会生产力及国家综合国力的战略支撑，必须将其摆在国家发展战略全局的核心位置。党的十八届五中全会更是将创新发展列为"十三五"期间国家五大基本发展理念之一，即"创新、协调、绿色、开放、共享"发展理念之首。2017 年 10 月，党的十九大再次强调要深化我国科技体制改革，建立健全以企业为主体、市场需求为导向、产学研深度融合并高度协同的技术创新体系，培养和倡导创新文化，强化知识产权原始创造，全方位保护，积极运用。可见，党和国家对自主创新高度重视，自主创新对我国发展具有重要作用。我国正全面推进高质量发展，高质量发展必须依托强有力的创新。

习近平总书记在 2020 年 9 月 11 日科学家座谈会上指出："党的十八大以来，我们高度重视科技创新工作，坚持把创新作为引领发展的第一动力。当今世界正经历百年未有之大变局，我国发展面临国内外环境发生深刻复杂的变化，我国'十四五'时期以及更长时期的发展对加快科技创新提出了更为迫切的要求。加快科技创新是推动高质量发展，实现人民高品质生活，构建新发展格局，顺利开启全面建设社会主义现代化国家新征程的需要。现在，我国经济社会发展和民生改善比过去任何时候都更加需要科学技术解决方案，都更加需要增强创新这个第一动力。"

由于自主创新以各级各类企业为主体，存在回收期长、高投入、高风险、基础性、效益外溢性、竞争性、不确定性等鲜明特征，这就意味着虽然自主创新以企业为主体，但单独依靠企业的力量推进自主创新是不现实的，必须促使国家、企业及社会多方形成合力，共同努力推进各级、各类企业自主创新。基于此，世界各国在产业政策、财政投入政策、金融政策、政府采购政策、知识产权保护政策及税收优惠政策等诸多方面给予各级、各类企业大力支持。其中，运用税收优惠政策促进各级、各类企业自主创新是普遍做法。因此，基于各级、各类企业的特殊性，在促进各级、各类企业自主创新的各种政策工具中，税收优惠政策应该发挥什么作用；产生怎样的效果；现实中的税收优惠政策促进企业自主创新的效果如何；存在什么问题；新形势、新背景、新环境、新常态下出现了什么新情况、新变化、新要求；应当如何创新、优化税收优惠政策，才能使税收优惠政策促进企业自主创新的效果更加有效地发挥；这是本书试图探究的主要问题。

1.1.2 研究意义

无论是人类发展进步的历史，还是世界变迁演进的历史，亦是国家荣辱兴衰的历史，无一例外告诉人们创新是民族进步的灵魂，是世界演进的重要基石，是国家兴旺发达的不竭动力。大力支持自主创新，促进技术发展进步，是我国面临科技发展日新月异的全球复杂形势、迎接新时期经济社会发展挑战做出的一项重要战略决策。因此，研究评价根据各级、各类企业特点制定的促进企业自主创新的各种支持政策，尤其是税收优惠政策，并据此完善税收优惠政策，既有重要的理论意义，又具有现实意义。

1. 理论意义

随着我国推进自主创新的步伐进一步加快，支持促进各级、各类企业自主创新的力度将进一步加大，而其进一步完善有赖于支持企业自主创新理论的指导。我国推动自主创新、建设创新型国家起步较晚，因此在支持企业自主创新理论的研究方面也起步较晚，理论研究成果较发达国家匮乏。无论是企业自主创新理论，还是企业自主创新支持理论都应加快创立、研究的步伐。促进各级、各类企业自主创新的支持理论是其重要组成部分，有利于企业自主创新支持理论的完善，并为制定完善企业自主创新支持政策提供理论依据。此外，企业自主创新税收优惠政策是税收支出政策中刺激性政策的重要组成内容，也是税收理论的重要组成部分，对其进行研究有利于进一步丰富税收调控理论、政府支持自主创新政策工具选择理论，甚至于政府宏观调控理论。因而，研究促进企业自主创新的税收优惠政策，具有重要的理论意义。

2. 实践意义

企业自主创新能力的提升，将有利于加快我国工业实现现代化的步伐，有利于我国加快建成现代工业体系，实现"工业2025"目标，有利于提升我国工业的国际竞争力、国际地位及国际话语权，有利于加快我国新型工业化、新型城镇化及信息化的进程，并最终有利于助推我国以供给侧结构性改革为重点的经济结构调整、转型、升级，提升我国的就业水平，助推我国加快实现全面建成小康社会目标。而这一切都有赖于对企业自主创新科学、有效的支持。对企业自主创新的科学、有效支持又有赖于科学、合理地制定各类支持政策，其中就包括税收优惠政策。因此，研究促进企业自主创新的税收优惠政策，一是有利于优化税收优惠政策体系，二是可以为税收优惠政策设计提供参考，三是有利于对税收优惠政策的激励作用进行科学的评估。

1.2 国内外研究现状及述评

税收优惠政策，是指一国税收法律、法规对某些纳税人及征税对象给予激励及照顾的一种特殊条款规定。比如，免除纳税人应缴的全部或部分税款、按照纳税人缴纳税款的一定比例给予返还、给予纳税人比一般税率更低的税率计算纳税额、给予纳税人在成本处理上的更多优惠等，从而减轻纳税人的税收负担。国家通过税收优惠政策直接减轻纳税人税收负担的同时，可以利用税收优惠政策实现扶持某些特殊产业、特殊地区、特殊企业及特殊产品的发展，以促进产业结构调整并向中高端迈进，从而最终实现社会经济创新、协调、绿色、开放、共享发展的目标。由于税收优惠是各国税收制度、法律的重要组成部分，也是各国普遍运用的重要宏观调控工具手段之一。税收优惠政策对某些特定对象的促进作用也是一国税收制度、法律、政策完善与否的重要标志，同时，其作用是多层次、多角度、多方面的。多层次主要表现为税收优惠政策的整体作用，以及税收优惠政策的局部作用。多角度主要表现为税收优惠政策的照顾性作用及刺激性作用。多方面主要表现为区域税收优惠政策作用、涉外税收优惠政策作用、就业与福利事业税收优惠政策作用、企业自主创新税收优惠政策作用。这些都是国内外关于税收优惠政策作用研究的切入点。基于本书的研究对象、目标及内容，本书主要从促进企业自主创新税收优惠政策作用方面展开研究。

1.2.1 国外研究现状

国外学者关于促进企业自主创新税收优惠政策的研究源于 20 世纪五六十年代税收支出政策的效应评价，其分析文献多在经济增长理论框架内分析企业自主创新与税收优惠政策的关系。随着各国研究人员对政府干预企业自主创新的认识不断拓展，税收优惠政策对企业自主创新活动的影响及其效应成为十分活跃的研究领域。

1. 关于促进企业自主创新税收优惠政策的必要性研究

一是认为企业自主创新是外生的，促进企业自主创新的税收优惠政策必要性不高。罗伯特·索罗（Robert Solow，1956）的新古典经济增长模型中，自主创新是外生变量，经济增长主要依赖资本和劳动的积累。由于资本和劳动要素的边际收益递减，因此人均收入长期增长不可持续，人均收入增长率趋于收敛。税收政策虽然能够改变均衡条件下的资本—劳动比，但对全要素生产率并不产生影响，因而也就不会且无法产生长期效应。纳尔森（Nelson，1959）、阿罗（Arrow，1962）将市场失灵理论应用于技术创新研究。他们认为，技术创新的五个重要特征决定了在技术创新过程中必然存在着市场失灵：创新收益的外部性（非独占性）、创新过程的非竞争性、非排他性、不可分割性和风险性。由于企业创新的成果为全社会共享，自主创新的企业获得的只是其中的一小部分，因而企业付出的创新成本在很多情况下难以得到充分的补偿，以致缺乏参与此类活动的动力，导致研究与开发活动萎缩，使全社会的研究开发水平低于最适当水平。曼斯菲尔德和斯维特（Mansfield & Switer，1983）利用对加拿大部分样本企业的研究得出结论，认为企业自主创新研发的税收优惠对企业自主创新产生微小影响，政府的投入产出效率低。阿罗（1962）、纳尔森（1982）的研究表明，企业自主创新研究与开发的投资者不能得到研究与开发活动的全部收益，导致收益的不完全私人独占性；边际投资的社会收益率可能比私人收益率高。哈尔和范·瑞恩（Hall & Van Reenen，2000）的研究表明，税收优惠使企业自主创新活动的边际成本下降，在企业自主创新的成本为定量的情况下，相关产业的研发支出不受影响。大卫（David，2000）的研究认为，税收优惠激励企业自主创新的效应是有限的，不会促使企业去开展社会回报高、私人收益低的项目。

二是认为企业自主创新是内生的，促进企业自主创新的税收优惠政策很有必要。内生增长理论打破了新古典增长模型的假设，将自主创新作为内生变量。这就意味着政府的税收优惠政策能够对企业的自主创新活动产生激励效应，因此具有重要的政策含义。凯斯·马斯顿（Keith Marsden，1983）曾做过实证研究，证明税收政策对经济增长有较大的影响。罗默（Romer，1986）、卢卡斯（Lucas，1988）开创的内生增长理论，分析了自主创新、人力资本积累、企业家行为等因素在经济增长中的作用，研究得出"穷国"与"富国"的差距可能长期存在的结论。德隆（DeLong，1988）、鲍莫莱特（Baumolet，

1989）的经济理论分析、实证经验研究都表明，经济收敛并不是一个全球化的现象，支持企业自主创新活动对于一国经济长期增长具有重要意义。贝利和劳伦斯（Baily & Lawrence，1992）通过对 1981～1989 年美国 12 种行业相关数据进行研究，发现企业自主创新的研发价格弹性接近于 1。

德隆和萨默斯（DeLong & Summers，1991）就设备投资税收优惠进行了研究，他们认为，社会对研究与开发投资的需求大大超过私人需求，设备投资对经济增长产生了正外部性，因此，政府应当对设备投资给予税收优惠。格罗萨兰和赫尔普曼（Grossalan & Helpman，1991）的模型证实，技术创新的外溢效应使得竞争性均衡增长率低于社会最适增长率，政府必须在考虑社会收益的基础上，针对研究与开发活动的积极外溢性提供税收优惠等方面的刺激来降低研究与开发成本，促进企业研发的积极性，积极推动生产率的增长。索伦森（Sorensen，1993）的分析明确指出，政府提供税收优惠等支持是人力资本形成的必要条件，人力资本的外部效应大小决定了对劳动所得的课税是正的还是负的。如果这种外部效应非常大，政府就应该对人力资本投资予以补贴、投资或税收优惠。保罗（Paul，2000）、哈尔（Hall，2002）认为，技术创新的风险性以及市场中的信息不对称性抑制了企业自主创新的研发支出，因此，政府应当采取税收优惠措施激励企业的自主创新活动。

2. 关于促进企业自主创新的税收优惠政策效应研究

国外学者对企业自主创新研发税收优惠政策的激励效应进行了大量研究。这些研究主要有埃克斯坦（Eckstein，1973）利用美国一年的经济资料，建立 800 个测算模型，深入考察了美国公司所得税率高低对企业自主创新投资的影响和作用，其运算结果表明，公司所得税率降低 15%～33%，公司的股本和投资将会分别增加 9.9% 和 15.5%。高登和乔根森（R. H. Gordon & D. Jorgenson，1974）以美国一年的数据为基础，测算了投资税抵免对研发投资的影响，研究结果表明，若投资税抵免率从 7% 提高到 15%，研发投资将大约增加 12.5%。曼斯菲尔德和斯维特（Mansfield & Switze，1983）使用公司调查法对加拿大数据进行研究，他们把加拿大研发公司划分为两组：从事绝大部分研发项目的 65 家公司和偶尔从事研发项目的 1 305 家公司。通过分层随机抽样选择了 55 家公司。分析结果表明，两种税收抵免的激励效用比因此而放弃的收入小得

多。伯恩斯坦（Bernstein，1986）在生产结构框架分析下，使用1975～1980 年
27 家公司一组集合的典型数据和时间序列数据，评估了加拿大企业研发税收
优惠政策对企业自主创新研发投资的影响，结果表明，税收支出每增加 1 美
元，会带来多于 1 美元的新增企业研发资本支出。

鲍德威（Boadway，1993）通过建立边际有效税率模型，对技术先导企业
可享受 5 年不纳税的免税期的激励效应进行了评估，发现这种税收优惠对特定
活动的投资和对幼稚产业以及特定经济和社会集团的资助起到了促进作用。埃
斯特克和加斯帕（Esterk & Gasper，1994）利用金·富勒顿（King Fullerion）
的边际有效税率分析模型，对巴西的税收优惠进行了评估。研究发现，很多税
收优惠降低边际有效税率的效果并不明显，相反，税收套利和逃税降低平均有
效税率的结果却很明显。这就意味着，税收优惠的泛滥会扭曲税收制度。哈尔
（Hall，1993）、海因斯（Hines，1993；1994）对美国企业数据的研究表明，
研发投资对于税收的价格弹性在 -1 左右。拉加歌帕和沙阿（Rajagopal &
Shah，1995）通过评价墨西哥、巴基斯坦和土耳其的研发税收激励效应，发现
税收政策仅对部分行业的研发有效。达格奈塞塔尔（Dagenaisetal，1997）通
过对加拿大的企业自主创新研发税收政策研究，发现政府的税收优惠每增加 1
加元的税式支出，企业自主创新的研发支出会增加 0.98 加元。

塔达伊萨·科加（Tadahisa Koga，2003）运用线性规划法对日本企业进行
了研究，结果表明，中小企业的研发对税收政策的价格弹性是 -0.68，而大企
业是 -1.036。格莱克和范·波特斯伯格（Guellec & Van Pottelsberghe，2003）
对经济合作与发展组织（OECD）国家的研究表明，税收优惠对于企业研发支
出有一个负的价格弹性。史蒂文·克拉克（W. Steven Clark，2009）对研发税
收激励的三种评估方法（有效性评估、成本—效率评估、成本—收益评估）
及可能出现的评估偏差进行了比较分析。亚历山大·克莱姆（Alexander
Klemm，2009）的研究结果显示，税收激励的动机部分来源于税收竞争，而其
效果则取决于该国的税收环境。克里斯蒂娜·埃尔施纳等（Christina Elschner
et al.，2009）使用欧盟的数据，研究指出，研发税收激励的实际效果不仅在
于税收优惠带来的低税率，也与该国的税收体系有很大关系。

阿德内卡普伦等（AdneCappelen et al.，2011）研究了挪威的研发投资税

收减免政策对挪威企业专利申请的影响，结论是挪威的研发投资税收减免政策提升了生产流程创新效果，但对产品创新影响有限，其政策含义是税收激励应考虑企业规模和吸收税收优惠的能力。汤姆·卡尔金斯基和纳丁·里德尔（Tom Karkinsky & Nadine Riedel，2012）指出，企业所得税对跨国公司选择专利申请地区有着重要影响，跨国公司有强烈的动机在低税率国家申请专利以转移利润。卡苏米·希莫苏布和米乔·铃木（Katsumi Shimotsub & Michio Suzukib，2014）对日本2000~2003年适用的企业税收抵免率变动影响企业研发支出进行了检测。采用线性研发支出模型的一阶差分方程进行面板 GMM 估计，发现企业适用的税收抵免率和资产负债率的相关系数显著为正，表明税收抵免对有较多债务的企业有较显著的影响。同时，运用反事实检验，发现如果2003年未进行税收抵免改革，总体研发支出将会降低3~3.4个百分点，其中，0.3~0.6个百分点归因于财务金融约束的影响；如果税收抵免额不设上限，总体研发支出将增加3.1~3.9个百分点，其中，0.3~0.8个百分点归因于对有较大债务企业放松财务金融约束的影响。

吉努克琼（Jinook Jeong，2015）将美国制造企业数据用于内生转换回归模型，尝试测量研发抵免对企业研发投资的棘轮效应，实证结果表明，研发税收抵免政策在价格弹性为 -1.818 时一直有效，研发抵免的重新设计提高了研发抵免的积极影响，这一结论也为那些采用增量抵免制度的国家提供了政策借鉴。尼鲁帕马·拉奥（Nirupama Rao，2016）采用来自美国企业纳税申报表的数据检验1981~1991年美国联邦研发税收抵免的效应，结果显示，研发成本降低10%会使企业研发集中度即研发支出占销售额的比例短期内平均提高19.8%。桑杰·古普塔布（Sanjay Guptab，2017）运用新兴经济体企业层面截面数据进行研究，结果发现，应税抵免率增加对高科技企业研发支出有正面影响，但是对非高科技企业没有相同的正向促进影响，同时，当税收激励是基于移动平均法下的增量研发支出进行税收抵免时，企业会相机抉择它们的增量研发支出以获取额外的税收抵免，这一结果会造成研发支出较大的波动以及潜在的非故意税收收入损失。

3. 关于促进企业自主创新税收优惠政策与财政补贴政策效应的比较研究

霍曼斯和斯伦沃根（Homlmans & Slenwargen，1988）以企业规模作为控制变量，以政府的研究开发补贴作为自变量，以私人企业的研究与开发投资作为变量，对比利时 1980 ~ 1984 年的情况进行研究，发现每增加 1 单位政府补贴，就会带动企业增加 0.25 ~ 0.48 个单位的研究开发投资。安托梅利（Antomelli，1989）运用意大利 1983 年的数据，以企业规模、利润及销售额为控制变量，对政府补贴促进企业研发投资的效应进行研究，结果发现，每增加 1 单位的政府补贴，私人企业就会相应地增加 0.31 ~ 0.37 个单位的研究开发投资。布索姆（Busom，1999）利用西班牙 1988 年的数据，以企业规模、产品出口占比作为控制变量，以政府的研究开发补贴作为自变量，对企业研究开发投资进行回归分析，结果表明，政府补贴会促使企业加大研究开发投资。凯莱特和摩恩（Klette & Moen，1998）在控制销售额、现金流和时间等变量的基础上，对挪威 1982 ~ 1995 年的财政补贴与研发投资关系进行了研究，结果表明，政府的财政补贴与私人研究开发投资之间呈弱显性正相关关系。

克里斯蒂夫·恩斯特和克里斯托夫·斯宾格尔（Christif Ernst & Christoph Spengl，2009）在考虑纳税筹划的影响下，采用公司层面的数据研究税收优惠对欧洲企业专利申请的影响，结论是研发补贴对研发投资趋势有重要影响，而税负对研发投资规模和专利申请有重要影响。克里斯托夫·恩斯特和卡塔琳娜·里希特（Christif Ernst & Katharina Richter，2012）指出，研发财政补贴、研发税收抵免和专利盒三种政策工具都可以有效提升专利申请的数量，但专利盒能够更有效地提升专利的质量，即吸引更高创新水平和商业收益的专利。拉法埃洛·布朗齐尼和保罗·皮塞利（Raffaello Bronzini & Paolo Piselli，2015）使用断点回归法对 21 世纪初在意大利北部地区实施的一项研发补贴项目对受益公司专利申请数量和提交申请可能性的影响进行了实证研究，研究结果表明，该项目对专利申请数量有显著影响，对较小公司的影响更显著。西蒙娜·马特乌特（Simona Mateut，2017）研究了转型经济体和发展中经济体的公共补贴与企业创新之间的关系，结果表明，东欧和中亚地区的 11 998 家公司的创新活动与公共补贴之间存在正相关关系，且这种相关性在受到金融约束的公司中更显著。

1.2.2　国内研究现状

国内关于促进企业自主创新税收优惠政策的研究始于 2005 年前后，并于近年出现迅速发展的势头，研究范围不断拓展，呈现出研究领域细分的趋势，研究方法不断多元化，且呈现研究方法实证化、定量化趋势。概括而言，国内现有关于促进企业自主创新的税收优惠政策的研究主要集中在以下几方面。

1. 关于促进企业自主创新税收优惠政策的规范研究

国内学者对税收优惠政策对企业自主创新的激励作用进行了不少研究。匡小平和肖建华（2006）选取了美国、日本、法国、韩国、澳大利亚、新加坡及印度等较具有代表性的创新型国家，对其自主创新激励政策中的财政政策和税收政策分别做了总结和比较。结果发现，以政府为主导、以企业为主体、人的能动性及对创新过程的保护、敬畏、尊重是其设计财税优惠政策的共同特点。因此，我国自主创新财税支持政策也应参考国外经验，并结合我国国情做上述改进。李大明和尹磊（2006）研究比较了韩国、印度、新加坡和中国台湾等地支持自主创新的税收政策，结果表明，这些地方的税收政策对自主创新都有明显的促进效应。夏杰长和尚铁力（2006）从理论和实证两个方面分析了我国税收支出政策对创新活动的促进效应。结果表明，尽管理论分析显示税收优惠对创新活动的影响显著，但实践结果表明激励效应有限，其根源在于我国现行税收环境及税收支出政策设计存在一定缺陷，而其出路则在于努力营造公平的税收环境，以及进一步完善税收支出政策。岳树民和孟庆涌（2006）认为，税收因其对企业收益产生影响，进而对企业的行为选择产生重要影响，使其与企业自主创新的动力及能力形成了重要关联。从长远看，为促进企业自主创新、助推高新技术产业发展，必须建立完善、可持续的税收激励机制。

曲顺兰和路春城（2007）从创新成果的公共属性、创新活动的外部性、信息不对称性、结果不确定性等方面进一步分析了财税政策支持自主创新的理论依据，研究发现，财政政策对企业自主创新的扶持效应明显，税收政策对降低企业创新投资的成本、增加企业创新投资收益、促进企业创新投资效果明显。董娅（2007）分析了我国两税合并后新企业所得税法中关于促进自主创新、鼓励高新技术产业发展的税收优惠政策内容，以及需要进一步明确的各项具体内容，提出了完善鼓励自主创新企业所得税优惠政策体系的若干建议。王保平（2007）分析了税收优惠政策促进自主创新的机理，并重点透视了我国促进自主创新的税收优惠政策的执行，提出了构建支持自主创新的税收优惠政策体系建议。李军波等（2007）从税收激励的视角，论述了税收部门通过税收优惠的方式，对进行自主知识产权开发的企业进行支持的必要性，并对制定完善的支持自主知识产权研究、开发的税收优惠政策提出了建议。赵岚（2007）指出，要加快实现直接优惠与间接优惠的模式转变，搭建公平的促进企业自主创新的税收优惠政策平台，推进企业所得税优惠用"普惠制"替代"特惠制"的转变，构建以企业研发活动为核心的自主创新税收优惠政策体系。

阮家福（2009）指出，自主创新具有公共性、外部性、风险性及不确定性，政府必须扶持。税收激励政策对自主创新的作用机理在于通过税收减免实现创新主体自主创新外部效应的内部化，降低自主创新不确定性，优化创新环境以增加创新主体的预期收益。我国应从税收优惠目标的战略性、激励方式的综合性及激励环节的整体性等方面构建税收激励自主创新的系统框架。梅玉华和方重（2009）在剖析企业自主创新特征的基础上，对我国现行税收支出政策进行了深入的研究，阐述了现行的激励企业自主创新的税收支出政策的缺陷，以及"负企业所得税"税收支出的概念及运行机制，进而论证了"负企业所得税"税收支出对企业自主创新的激励效应。张明喜（2009）在阐述我国企业自主创新税收优惠政策扶持的理论依据，并梳理我国现行与自主创新相关的税收支出政策的基础上，指出税收政策促进企业自主创新活动的主要问题有：自主创新企业缺乏必要的个人所得税优惠，现行增值税政策支持企业自主创新的力度不够，现行企业所得税对产学研支持力度不足，税收优惠政策缺乏绩效评价机制。同时，提出了完善税收政策鼓励我国企业自主创新的建议。

石英华（2009）在对国外财政科技支出的绩效评估方法与制度进行分析的基础上，提出我国要建立税收支出预算制度，进行支持自主创新税收支出政策的成本—效益分析，建立财政科技投入绩效综合考评制度，提高投入资金使用效率，根据不同类型财税政策的特点优化政策组合，以提升支持自主创新的财税政策效应。王玺和姜朋（2010）分析了我国现行税制对企业自主创新的限制，以及经济环境变化对税收优惠促进自主创新带来的新要求，提出应从发挥消费税在促进自主创新中的作用等方面完善税收优惠政策。王昌银（2010）分别从现行增值税、企业所得税及个人所得税等方面论述了其在促进自主创新上存在的问题，并提出了完善现行税制以促进自主创新的建议。

邓子基和杨志宏（2011）研究发现，在技术创新的各个阶段财税政策都有一定的激励作用，但不同阶段具体政策所起的主要作用是不同的。例如，在研发阶段及成果转化阶段，税收优惠与财政支持都很重要，但研发阶段财政支持显得更为敏感，而成果转化阶段对税收优惠与财政支持的敏感性大体一致；政府采购政策与税收政策在产业化生产阶段具有重要影响，但政府采购政策显得更为敏感。张宏翔和熊波（2012）在梳理国内外促进自主创新税收激励政策相关文献的基础上，通过归纳、比较新兴经济体国家和发达国家促进企业自主创新的税收优惠政策实践，指出应当通过进一步完善税种设计、增强税收优惠政策针对性等措施，促进我国企业自主创新能力的提升。钱霞等（2012）在财政支持自主创新理论依据基础上，总结了部分国家促进企业自主创新的相关财税政策，并针对我国现行扶持企业自主创新财税政策存在的问题，提出有关完善我国企业自主创新财税扶持政策的建议。

张国钧（2015）以武汉东湖高新区有关税收优惠政策的运用为例，分析了现行税收优惠政策促进企业自主创新的局限性，并以发达国家促进企业自主创新的税收政策为借鉴，提出应从国家战略布局、企业发展需求及创新发展重点环节等方面完善促进自主创新的税收优惠政策建议。赵笛（2017）研究发现，当前我国税收优惠政策在立法层级、政策作用对象、政策结构、政策执行以及政策效应等方面仍存在较大的优化空间，应借鉴发达国家的相关先进经验，进一步放宽税收优惠政策条件，完善税收优惠政策立法和税制结构体系，强化各相关部门合力与税收优惠政策效应，以加快构建完善的税收优惠政策体系。李为人和陈燕清（2019）指出，我国在激励企业自主创新的税收优惠政策上仍在科学系统性、政策覆盖面、政策效果和落地实施等方面存在一些问题，应从规范立法、拓宽范围、改善政策和优化程序等方面进一步优化。

2. 关于促进企业自主创新税收优惠政策的实证研究

一是税收优惠政策对科技创新激励的实证研究。孔淑红（2010）运用

2000～2007 年我国 30 个省区市的面板数据，采用逐步回归法实证分析了税收优惠对技术创新促进作用总体和分区的政策效应。研究发现，总体上看，税收优惠对技术创新促进作用不够明显，税收优惠对不同技术创新指标影响的程度显著不同；但分区看，中部地区的税收优惠对技术市场成交份额促进作用显著。周辉（2012）运用我国电子行业、软件行业及机械设备仪表行业共 87 家上市公司的公开数据，从优惠税种及优惠方式的角度进行对比，实证分析了我国税收支出政策对企业技术创新的效应。研究结果表明，相比于所得税优惠及直接性的税率式优惠方式，流转税优惠及间接性的税基、税额式优惠方式的效应更显著。许景婷和张兵（2012）选取了 2009～2010 年 55 家在沪、深两市上市的江苏省制造及信息技术行业公司作为样本，就企业科技创新对税收优惠政策的敏感度进行了实证分析的关系，结果表明，税收优惠政策对企业技术创新激励效果显著。夏力（2012）、杨杨等（2013）采用我国创业板上市公司年报数据，研究了企业所得税优惠政策对创业板上市公司科技创新研发支出的影响。结果表明，企业所得税优惠政策促进创业板上市公司加大科技创新研发投入效果明显，且公司规模越大，这种激励越明显。

王春元和叶伟巍（2018）以融资约束为视角，采用双重差分模型估计税收优惠政策变动对企业自主创新的影响。研究结果表明，我国上市公司普遍面临融资约束困境，且存在明显的地区、所有制性质以及行业差异。双重税收优惠政策对企业自主创新存在抑制作用，融资约束的负效应会抵消甚至超过税收优惠对企业自主创新的正向促进作用，最终使得税收优惠政策的调整难以产生预期的积极创新效应。曹越等（2019）利用欧洲 11 个国家超过 2 000 家企业 2008～2017 年的面板数据为样本，采用实证分析方法研究"专利盒"制度对企业创新参与意愿及研发支出水平的影响。结果发现，"专利盒"制度对于已开展研发的企业的研发投入具有显著的促进作用，对未开展研发企业参与研发的意愿有积极影响，但不显著；另外，"专利盒"制度对企业研发水平的行业影响差异性明显，如显著促进制造业和批发零售业企业的研发水平，而对信息通信行业和科学与技术行业的企业研发支出的促进作用则不明显。刘诗源等（2020）使用 2007～2016 年中国上市公司和地级市企业的面板数据，测算企业前瞻性有效平均税率，从生命周期视角研究税收激励对企业创新的影响。研究结果表明，总体上看，税收激励显著促进企业研发投入；分生命周期阶段看，税收激励的作用集中体现于成熟期企业，对成长期和衰退期企业的影响不显著。

二是税收优惠政策对企业 R&D 投入引导效应的实证研究。黄辉煌（2007）选取福建省 2002~2006 年数据，采用线性回归法分析了高新技术产业内部 R&D 投入与减免税政策间的关联性。以此为基础，从作用对象、体系设计、税制因素和政策工具选择等方面指出了现行税收支出政策体系中存在的一些问题，且针对性地提出了改进及完善建议。安同良等（2009）通过建立 R&D 补贴政策制定者与企业之间的动态不对称信息博弈模型，力图刻画企业获取 R&D 补贴的行为策略及 R&D 补贴的刺激效应的关系。结果表明，当两者之间存在不对称信息，且用于企业原始创新的专用性人力资本价格过低时，原始创新补贴支持将产生"逆向"激励作用。蒋建军和齐建国（2007）采用价格弹性分析法，评估了税收优惠政策对北京高新技术企业增加 R&D 支出的实际效果。研究表明，税收优惠政策的效应是明显的，不合理的税收优惠政策设计及其引起的寻租行为及替代效应是重要影响因素。

王俊（2010）运用我国 28 个行业中的大中型企业面板数据，实证分析了政府 R&D 补贴促进企业 R&D 投入及其自主创新的影响效应。结果表明，不论是在企业 R&D 决定方程的静态模型中还是动态模型中，政府 R&D 补贴对企业 R&D 投入都具有显著的激励效应；在专利决定方程中，政府 R&D 补贴的激励效应却不够显著，政府 R&D 补贴对企业自主创新的正向影响存在不确定性。朱云欢和张明喜（2010）利用相关统计数据，对财政补贴政策对我国企业研发投入的影响进行实证分析。结果表明，财政补贴一定程度上弥补了企业研发创新外溢性带来的成本及收益风险，与财政补贴政策相比，税收优惠政策能更大程度诱导企业的研发活动，企业进行研发投入很大程度上还与企业市场销售状况、企业规模及企业已经积累的技术及知识密切相关。李丽青（2010）采用利益分析法，全面分析了在"企业研发费税前扣除"税收政策执行过程中中央与地方政府的利益博弈行为，探讨双方利益不一致的制度原因，并在此基础上，提出双方应实现合作博弈的利益协调机制格局的建议。

方重和赵静（2011）依据宏观经济学中的投资需求理论及生产成本理论，

构建了财政补贴、政府采购及税收优惠等政府公共支出行为对企业 R&D 的理论影响分析框架，并建立实证计量模型，通过对所选的 30 个行业数据进行的计量分析，分别从静态及动态两个视角验证了政府公共支出行为对企业 R&D 的激励效应。刘圻等（2012）以 141 家至少连续三年在董事会报告中披露研发投入强度的深交所中小板高新技术企业为研究对象，验证了 2006 年修订后的科技研发支出加计扣除税收优惠政策对企业研发投入的影响。在控制了其他变量基础上，研究结果发现，研发支出加计扣除税收优惠强度与企业研发投入显著正相关，这表明我国企业研发支出加计扣除税收优惠政策达到了较好的效果。黄燕等（2013）选取深圳中小板上市公司 2008～2011 年的面板数据，实证检验税收优惠、金融支持、研发补贴、人才激励及产权保护五项创新促进政策的实施效应。结果表明，人才激励及税收优惠政策显著促进企业的研发投入，政府的研发补贴显著减少了企业的研发投入，金融支持政策促进企业研发投入的效应不显著。此外，风险投资总体上对企业的研发投入影响不显著，无风险投资的企业研发产出低于有风险投资的企业，风险投资的持股比例高低对企业的研发投入行为影响不显著。王遂昆和郝继伟（2014）选取 2007～2012年深市开展研发创新的中小企业作为分析样本，利用多元回归模型，验证了政府科技支持政策对中小企业自主研发创新的影响。研究结果表明，政府创新补贴和税收优惠支持在促进中小企业自主研发创新方面起了积极作用；与国有企业相比，政府财政补贴对中小企业自主研发创新的促进效应更大。

冯海红等（2015）采用我国 28 个制造行业大中型工业企业 2000～2012 年的面板数据进行回归分析。研究结果表明，在最优的政策力度门限区间，政府税收支出政策对企业研发投入有显著的正向激励作用；当政策力度低于第一门限值时，政策的激励作用较为微弱，高于第二门限值时，则产生相反效果。此外，较低的国有产权比例、较大的企业规模及较强程度的知识技术密集均有利于税收支出政策引导企业研发投入作用的发挥。李欣洁等（2015）以 2010～2013 年深交所创业板 274 家企业的相关财务及管理数据为样本，采用多元线性回归模型，并通过两阶段系统 GMM 方法对模型进行参数估计，分析现行所得税优惠对企业研发活动的影响。结果表明，我国现行所得税优惠政策对企业进行研发活动激励效应显著；与非国有企业税收优惠政策相比，国有企业从事研发活动的激励效应更显著；对制造业的激励效应低于信息技术业；税收优惠政策随企业地区"东—中—西"迁移，对企业从事研发活动的激励效应呈现出递减趋势。

此外，还有不少学者采用倾向得分匹配法（PSM 法）、回归分析法分析了 R&D 税收支出对企业科技创新投入的影响。结果表明，税收支出政策对企业 R&D 投入增长总体有效的情况下，企业所得税及增值税税收支出对企业 R&D 资金投入的激励效果有限，享受优惠企业与不享受优惠企业的 R&D 投入增长区别不太明显，综合所得税优惠和加计扣除额能够影响企业 R&D 投入的绝对额。通过分析税收支出政策对企业研发投入激励效果的影响因素，发现税收支出政策的知晓度、便捷性、兑现率与其对企业的总体激励作用显著正向相关，知晓度和兑现率与企业 R&D 投入增长率显著正向相关，便捷性对企业的 R&D 投入增长率影响则不太显著（周克清和景姣，2012；鲍丽敏，2013；李万福等，2013；张信东和马小美，2014；黄洁莉和汤佩，2014；陈远燕，2016；王旭和何玉，2016；石绍宾等，2017；李华，2018；程瑶和闫慧慧，2018；郑贵华等，2019；刘明慧和王静茹，2020）。

三是税收优惠政策促进不同类型企业自主创新的实证研究。第一，税收优惠政策促进高新技术企业自主创新的研究。王乔和饶立新（2007）运用统计数据，对现行促进高新技术产业发展的税收优惠政策进行量化分析，得出了从税种看，税收优惠侧重于所得税优惠的结论，并据此提出了完善相关税收优惠政策的建议。匡小平和肖建华（2008）通过实证分析表明，在促进企业自主创新能力的诸多外部影响因素中，税收优惠政策具有显著作用，而在具体税收政策之中，企业自主创新活动对所得税优惠的反应较为敏感。黄萃和苏竣（2011）对我国高新技术产业 1987～2008 年税收优惠政策文本，以政策发布年度、政策优惠税种、政策优惠对象、政策优惠方式为分析维度进行频数统计及量化分析，指出我国高新技术产业税收优惠政策在提升企业自主创新能力中存在的问题：政策具有明显时间阶段性；年度密度、频率不平衡，其稳定性及连续性亟待进一步提高；优惠对象倾向区域区分为主，产业性优惠导向被忽视；优惠税种主要涉及增值税及所得税；以支持企业自主创新的生产投入及成果转化为主。张同斌和高铁梅（2012）通过构建我国高新技术产业可计算一般均衡（CGE）模型，考察了财税激励政策促进高新技术产业发展进而促进产业结构调整的影响。结果表明，相比税收优惠政策，财政激励政策更能够有效地促进我国高新技术产业的产出增长。财税政策的激励作用对高新技术产业增加值比率的提高及其产业内部结构的优化调整都具有积极影响，并且比税收优惠政策的效果更为显著。政府在制定财税政策时，应注重提高我国高新技术产业的研发及创新能力，并考虑财税激励政策的短期适应性及长期战略性，持续推动高新技术产业的科学发展进程及产业结构的调整优化。

赵月红和许敏（2013）利用长三角 77 家上市高新技术企业 2008～2011 年的面板数据，计算其实际所得税税率后，采用固定效应模型验证现行的所得税优惠政策对企业 R&D 投入的激励效应。结果表明，我国现行所得税优惠对上市高新技术企业的 R&D 投入正向激励作用显著，且其激励作用的长期效应高于短期效应。李林木和郭存芝（2014）基于全国高新技术产业减免税调查和相关指标的省级面板数据，实证研究发现，减免税能有效刺激企业增加研发投入，但短期对研发产出、产业发展速度与规模没有明显效应。李传喜和赵讯（2016）选定我国深圳证券交易所上市的多家高新技术企业一年的数据作为样本，借鉴国内外相关研究方法构建随机效应面板数据模型，从微观角度上对我国财税政策激励高新技术企业研发投入的效应进行研究。结果发现，税收优惠与政府补助均能够促进企业研发投入，且两种政策工具之间具备协同效应。

第二，税收优惠政策促进中、小、微企业自主创新的研究。罗妙成等（2009）从国际借鉴角度研究，发现主要发达国家的税收优惠政策各具特色，但从总体上看，又有着共同的特点及经验：一是大多通过立法形式规定政府对中、小、微企业进行税收扶持；二是对中、小、微企业自主创新的税收优惠较多；三是各国对创办中、小、微企业的税收优惠力度都较大；四是各国把对中、小、微企业的资金支持作为主要目标；五是各国税收优惠方式多样。因此，我国应改进和完善促进中、小、微企业自主创新的税收优惠政策，加快制订为其提供资金扶持的税收优惠政策的进程。张明喜和王周飞（2011）归纳了我国科技型中、小、微企业可享受的税收优惠政策及其存在的主要问题，提出"制定促进科技型中、小、微企业发展的税收优惠条例"，改变税收优惠方式、环节及机制，对个人取得与科技创新相关的收入所得免征个人所得税，将转让无形资产一并纳入增值税课税范围等建议。黄志刚（2011）探讨了我国现行企业所得税优惠政策对中、小、微企业科技创新所带来亏损后转、研究费用加计扣除等五个逆向调节影响，并相应提出了五点政策调整建议。

刘斌等（2013）研究了小微企业自主创新税收优惠政策的优化思路，指出应从影响小微企业自主创新活动的限制性因素方面完善税收优惠政策。即：一是建立大幅度、长效的税收减免制度及加大风险投资税收优惠政策；二是设立 R&D 项目税收优惠政策；三是提高科技人才个人收入所得的税收优惠；四是建设高水平的孵化器技术服务平台；五是完善税收管理体制及方式，保证企业自主创新税收优惠政策的落实。王敏和李亮（2014）以深交所创业板及中小企业板上市的 310 家中小企业为数据样本，对其 2010～2012 年研发投入、产出状况与税收优惠政策的相关性进行实证检验。结果表明，研发投入强度与间接税优惠政策的相关性并不显著；研发投入强度与企业科技人员数虽然表现出正向相关关系，但是二者之间相关性并不显著；中小企业的研发投入强度与营业利润率、资产负债率及企业所得税率三个变量的平方项之间却表现出颇为显著的相关关系。白晓荣（2014）研究指出，我国现行税收优惠政策在促进中、小、微企业科技创新中还存在着税收优惠对象范围不够宽、税收优惠法律体系未建立、操作不够简便等诸多问题，应当从破解中、小、微企业自主科技创新的固有困境入手，从促进中、小、微企业创新人才培养、创新融资、创新科技成果转化等方面加强税收优惠激励。

李林木和汪冲（2017）运用 2005～2015 年全国中小企业股份转让系统挂牌公司的年报数据，分析了税费负担对企业创新能力和升级水平的影响。研究发现，无论是总体税费负担还是直接、间接税费负担的增加，都会降低企业的创新能力，减少创新成果，但间接税费的负效应大于直接税费。董黎明等（2020）选取了 568 家信息通信业上市公司 2008～2017 年的面板数据，分析了所得税与流转税对企业研发支出的影响效应和作用机理，运用工具变量法解决了现有研究中存在的税负内生性问题。结果表明，所得税税收优惠有利于促进企业增加研发投入，而流转税税收优惠对企业研发投入有显著的抑制效应，企业当期研发投入对下一期的研发投入存在正向影响。

第三，税收优惠政策促进战略性新兴产业企业自主创新的研究。邓保生
（2011）、武云（2013）分析了税收优惠政策对战略性新兴产业发展的影响，
结果表明，战略性新兴产业的税收优惠政策针对性不足、全局性及协调性不
强、风险投资优惠缺失，税收优惠政策对出版行业发展效果显著。徐祖跃等
（2012）强调，增强战略性新兴产业的自主创新能力必须发挥税收优惠的引导
作用，应从制约战略性新兴产业自主创新的因素入手，完善税收优惠政策支持
其自主创新。王宏起等（2013）结合我国战略性新兴产业自主创新的特点与
需求，从税收优惠政策工具科学性、政策布局合理性、政策实施以及政策柔性
等方面构建促进企业自主创新的税收优惠政策有效性评价指标体系，结合模糊
Borda 法设计了基于规则的优惠政策有效性评价方法，对中国现行税收优惠政
策促进战略性新兴产业自主创新的有效性进行评价。研究结果表明，我国现行
税收优惠政策促进战略性新兴产业自主创新的有效性处于较"一般"水平，
距离"较强"等级存在较大差距，依然存在较大提升空间。孙继红等（2013）
基于 392 份企业自主创新税收优惠政策需求调查问卷，采用回归分析法，对促
进战略性新兴产业自主创新的税收优惠政策的重要性进行了排序，并提出了有
针对性的税收优惠政策改进建议。

柳光强（2016）在战略性新兴产业上市公司层面探讨税收优惠、财政补
贴政策激励企业行为的作用机制，并考虑信息不对称情况下如何加剧税收优
惠、财政补贴政策激励效应的差异性。储德银等（2017）在对我国战略性新
兴产业补贴与税收优惠政策现状进行全面梳理的基础上，运用沪市 137 家战略
性新兴产业上市公司的微观数据，实证考察了财政补贴与税收优惠对其专利产
出的影响，发现虽然财政补贴能直接增加战略性新兴产业的专利产出，但激励
效果并不显著，而且财政补贴通过企业研发费用投入的间接效应还抑制了专利
产出的增加。陈洋林等（2018）选取研发费用作为衡量企业创新投入的变量，
运用倾向得分匹配法（PSM）考察了 2011～2015 年税收优惠对沪、深证券交
易所 558 家战略性新兴产业上市公司创新投入的激励效应。研究发现，税收优
惠与战略性新兴产业创新投入存在逻辑上的因果关系，税收优惠对战略性新兴
产业创新投入存在正向激励作用。

1.2.3 国内外相关研究述评

综观国内外关于促进企业自主创新税收优惠政策的研究，无论是国外还是国内，在促进企业自主创新的税收优惠政策提出的头几年里，研究采用的方法主要为规范性研究，研究的视角主要集中于企业自主创新税收优惠政策本身，研究的内容主要为企业自主创新税收优惠政策定义、理论依据、原则、适用范围、存在问题及完善对策等。同时，无论是国内还是国外，在促进企业自主创新税收优惠政策研究经历若干年的发展之后，基本都将研究的重点转向了税收优惠政策促进企业自主创新效应分析与评估。而且，随着时间的推移，研究的范围在不断扩大，研究的视角在不断创新，研究的方法在不断多元化。这些研究对于促进企业自主创新税收优惠政策效应理论的深化，对于企业自主创新税收优惠政策实践的指导都具有非常重要的意义，也为今后继续研究企业自主创新税收优惠政策理论与实践奠定了坚实的基础。综上所述，国内外关于促进企业自主创新税收优惠政策的研究成果主要集中于以下几方面。

一是根据国家制定的促进企业自主创新税收优惠政策、设计的税收优惠政策的目标，采用回归分析法、层次分析法、倍差法、主成分分析法等现代统计学、计量经济学分析方法，实证分析检验企业自主创新税收优惠政策的效应，成为当前研究的主流。

二是通过设计调查问卷，进行"田野"调查及访谈获得第一手截面数据，运用 Logistic 回归法、多元线性回归法、逐步回归分析法，不完全信息博弈模型等现代计量经济学及博弈论分析方法，并结合 Stata、Eviews、Spss 等现代统计软件，对影响促进企业自主创新税收优惠政策的因素进行分析。

三是促进企业自主创新税收优惠政策的研究对象主要集中于制造行业企业，具体企业研究对象主要又集中在高新技术企业、战略性新兴产业企业以及中、小、微企业。

根据现有国内外关于促进企业自主创新税收优惠政策的研究成果综述，不难发现，今后此方面的研究将呈现以下特点。

一是紧密结合经济社会发展需要（如经济高质量发展），将更加侧重于整体性促进企业自主创新税收优惠政策效应评估制度设计，同时，更加侧重于大样本定量实证研究。

二是将出现大量针对影响促进企业自主创新税收优惠政策效应因素的实证研究，对现有研究进一步深化、细化，如对企业的资本结构、企业的股权结构、企业的发展阶段、企业的债务结构、企业的投资结构、企业的高管背景等因素影响税收优惠政策效应的研究。

三是现有研究对促进各级、各类企业自主创新的税收优惠政策的比较研究还较为缺少，对不同类型税收优惠政策（如税基型税收优惠政策、税额型税收优惠政策、税率型税收优惠政策）促进企业自主创新的比较研究也较为少见，这不利于我国完善、创新促进企业自主创新的税收优惠政策，进而影响企业的创新积极性，进一步加快我国高质量发展战略的实现，影响以供给侧结构性改革为重点的产业结构调整，影响我国各级、各类企业的国际竞争力，影响我国建设现代产业体系的进程，影响整个国民经济的协调、可持续发展。这也是未来促进企业自主创新税收优惠政策研究的重中之重。当然，这正给本书的研究留下了很好的空间。基于此，本书选择了实证方法比较研究促进企业自主创新的税收优惠政策。

1.3 研究思路及研究方法

1.3.1 研究思路

根据研究目标及研究内容，本书的研究思路如图 1 - 1 所示。

1.3.2 研究方法

根据本书研究目标的需要，分别采取定性研究方法和定量研究方法，具体研究方法如下所述。

（1）文献研究法。广泛收集国内外有关促进企业自主创新的税收优惠政策研究文献和相关数据，梳理出税收优惠政策促进企业自主创新的理论依据，根据现有文献对税收优惠政策促进企业自主创新情况进行理论推导，为本书研究提供理论依据。

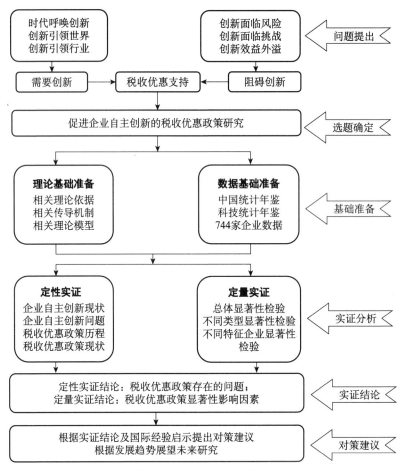

图 1-1　本书的研究思路

（2）定量分析法。运用 Stata 数据分析工具，采用相关时间序列数据和面板数据，定量比较分析研究税收优惠政策促进企业自主创新的情况。定量分析法具体采用横截面个体加权广义最小二乘法、描述性统计中的频数分析及方差分析法。

（3）比较分析法。运用比较分析法分析税收优惠政策促进不同行业企业自主创新的情况，以及税收优惠政策促进不同所有制企业自主创新的情况，得出税收优惠政策促进不同行业企业及不同所有制企业自主创新的差异化结论。

（4）归纳演绎法。对实证研究结果进行归纳综合，分析我国自主创新及我国企业自主创新的现状及特点，评价我国税收优惠政策促进企业自主创新的相关效应，探讨世界典型创新型国家税收优惠政策促进企业自主创新的经验，为制定更加完善的促进企业自主创新的税收优惠政策提出科学、可行的政策建议。

1.4 研究目标、研究内容及解决的关键问题

1.4.1 研究目标

本书以上市公司为研究样本，采用定性及定量相结合的研究方法，在现有国内外研究基础上，实现如下研究目标：一是梳理税收优惠政策促进企业自主创新的理论依据，并对促进企业自主创新的税收优惠政策进行理论模型推导；二是厘清我国企业自主创新的特点、促进企业自主创新相关税收优惠政策现状及其存在的问题；三是对促进企业自主创新的税收优惠政策进行实证计量模型检验并得出相关检验结论；四是梳理创新型国家促进企业自主创新的税收优惠政策典型做法经验，以便为我国提供借鉴；五是根据理论模型推导的结论与实证计量模型的检验结论，提出进一步完善我国促进企业自主创新税收优惠政策的相关措施、建议。

1.4.2 研究内容

根据研究目标，本书在系统梳理不同类型税收优惠政策促进企业自主创新理论依据及厘清我国企业自主创新特点、促进企业自主创新相关税收优惠政策现状的基础上，重点从理论与实证两方面来研究促进企业自主创新的税收优惠政策。即对促进企业自主创新的税收优惠政策进行理论模型推导与实证计量模型检验，并据此提出加快完善促进企业自主创新的税收优惠政策措施建议。本书的具体内容包括以下八个方面，共分八章完成。

第1章 导论。本章主要阐述本书的选题背景及研究意义，相关国内外研究现状及述评，研究目标、研究内容及解决的关键问题，采用的研究方法和手段、技术路线、研究方案及解决的关键问题，以及本书的创新及不足等。

第2章 税收优惠政策促进企业自主创新的机理分析。本章一是根据本书

的研究对象对税收优惠政策及企业自主创新进行界定，并交代本书所指税收优惠政策范畴。二是从公共性、效应外溢性、风险性、不确定性和弱势性等角度梳理税收优惠政策促进企业自主创新的基础理论依据。三是根据税收优惠政策促进企业自主创新事物发生、发展的内在机理，分析税收优惠政策促进企业自主创新的传导机制。四是运用企业资本成本分析模型和戴尔·乔根森（Dale W. Jorgenson）的标准资本成本模型，对税收优惠政策促进企业自主创新的效应进行理论推导，考察税收优惠政策促进企业自主创新的效应，为后面实证分析奠定理论基础。

第 3 章　我国企业自主创新现状及相关税收优惠政策。本章一是主要从企业创新投入即研发经费投入、研发人员投入和研发物力投入，企业创新产出即发明专利数量、实用新型专利数量、外观设计专利数量和专利申请数量等方面梳理当前我国企业自主创新的状况，并从企业创新环境、企业创新国际竞争力等方面描述我国企业自主创新的问题。二是从不同税种的角度即增值税、企业所得税和个人所得税等角度以及不同税收优惠方式的角度即税基型税收优惠、税率型税收优惠、税额型税收优惠和递延型税收优惠等角度梳理我国促进企业自主创新的税收优惠政策现状。

第 4 章　促进企业自主创新税收优惠政策存在的问题。本章主要是根据第 3 章对我国企业自主创新现状及相关税收优惠政策的梳理，分析现行我国促进企业自主创新税收优惠政策存在的问题，以为完善促进企业自主创新税收优惠政策提供现实问题依据。

第 5 章　税收优惠政策促进企业自主创新的实证检验。本章运用描述性统计中的频数分析及方差分析法、计量经济中的横截面个体加权广义最小二乘法等对总体税收优惠政策促进企业自主创新显著性进行实证检验，并对不同类型税收优惠政策促进企业自主创新进行的比较实证检验，即总体税收优惠政策和财政补贴政策促进企业自主创新的比较实证检验，税率型税收优惠政策和税基型税收优惠政策的比较实证检验；对税收优惠政策促进不同特征企业自主创新进行比较分析，即税收优惠政策促进不同行业企业、不同所有权性质企业、不同发展阶段企业和不同地区企业自主创新作用进行比较分析。最后，对实证检验结果和比较实证检验结果进行小结。

第6章 税收优惠政策促进企业自主创新的国际经验。本章主要总结世界部分典型国家，尤其是自主创新较好的国家，如英国、加拿大、美国、日本、比利时和法国等支持企业自主创新的税收优惠政策的主要内容及其特点，为我国完善企业自主创新税收优惠政策提供国际借鉴的现实实践依据。

第7章 完善我国企业自主创新税收优惠政策的建议。本章基于第2章至第6章的分析结论，并根据我国当前各类产业、企业及整体经济发展的阶段性特征和要求，提出完善促进企业自主创新税收优惠政策的建议。

第8章 研究结论及研究展望。本章进一步总结全书的分析结论及对研究的问题未来发展的趋势及动向进行展望，以期为笔者今后进一步研究此问题指明方向及为他人研究此问题提供借鉴价值。

1.4.3 解决的关键问题

根据上述研究目标及具体研究内容，本书解决的关键问题主要有以下三个方面：一是对促进企业自主创新的税收优惠政策进行传导机制和理论模型推导并得出相关结论；二是对促进企业自主创新的税收优惠政策进行实证计量模型检验并得出相关结论；三是根据理论模型推导的结论与实证计量模型的检验结论，提出进一步完善促进企业自主创新税收优惠政策的相关措施和建议。

1.5 主要创新及不足

1.5.1 创新之处

1. 实证检验不同税收优惠类型促进企业自主创新的效应

对不同类型税收优惠政策促进企业自主创新的效应进行比较研究。现有关于税收优惠政策促进企业自主创新的研究，较少涉及不同类型税收优惠政策促进企业自主创新的比较研究。本书将税收优惠政策分为税基型税收优惠政策、税率型税收优惠政策、税额型税收优惠政策和递延型税收优惠，并着重对税率型税收优惠政策和税基型税收优惠政策促进企业自主创新的效应进行比较研究。这是创新之一。

2. 基于企业异质性实证检验税收优惠类型促进其自主创新的效应

从税收优惠类型角度对不同类型税收优惠政策促进不同类型企业自主创新进行比较研究。根据国内外研究现状及述评，现有关于科技创新、促进企业自主创新的税收优惠政策研究方面，无论是税收优惠政策对科技创新的激励研究，还是税收优惠政策对自主创新的促进研究，抑或是税收优惠政策对企业R&D投入的引导作用研究，抑或是税收优惠政策对不同类型企业自主创新的助推作用研究，其研究对象均主要集中于单个类型的企业，针对不同类型企业自主创新税收优惠政策进行比较研究的较少。本书将针对不同行业、不同所有制企业、不同发展阶段及不同地区企业进行比较分析。这是创新之二。

3. 从税收优惠类型角度分类总结部分典型国家促进企业自主创新税收优惠政策做法、经验及启示

本书分别从税基型税收优惠政策、税率型税收优惠政策、税额型税收优惠政策和递延型税收优惠政策角度分门别类地归纳部分典型国家促进企业自主创新税收优惠政策的主要做法和经验，并归纳总结出税收优惠总体力度普遍较大、税额型税收优惠类型普遍增强、激励成果转化的税收优惠普遍强化、企业亏损接转时间普遍较长、税收优惠政策评估普遍及时并具导向性、税收优惠政策实施普遍较为适度及稳定、税收优惠政策定位普遍较为精准及灵活等启示。这是创新之三。

1.5.2　不足之处

虽然在反复研读并借鉴现有研究成果基础上，本书试图另辟蹊径，力求在研究视角、研究对象及方法上做出创新，但由于诸多客观因素制约，致使研究仍然存在以下不足之处，有待深入改进或进一步加强研究。

1. 研究数据收集的不足

虽然研究数据使用的是2014~2016年的上市公司年报数据，但由于受数据库的制约，最终使用的只是短面板数据，这可能对回归结果造成影响。此外，由于所选取的变量指标中有不少指标（如企业研发人员数量、企业研发补助额等）所涉及的数据不能直接从现有数据库中获取，只能手工从上市公司年报中获取，这就难免产生数据计算整理误差，从而最终导致回归结果产生误差。

2. 研究变量确定的不足

本书在确定研究自变量和因变量方面仍然与现有主流研究差异性不大，尤其是因变量仍然采用企业创新效应投入衡量指标，即企业研发投入强度作为因变量，而由于数据可得性因素制约，没有拓展到运用企业创新效应的产出衡量指标（如企业申请专利数）进行分析。

3. 计量研究方法较为单一

本书进行实证比较分析时所采用的方法仍然是国内外现有研究采用较多的方法，即多元回归分析法。由于数据可得性因素制约，没有尝试使用倾向得分匹配法、双重差分法或计数模型分析法等作为主要的分析方法。

第2章

税收优惠政策促进企业自主
创新的机理分析

税收优惠政策激励核心创新主体的企业进行自主创新、不断增加创新资金和创新智力资源投入，促使扩大以企业专利申请数、企业有效专利数、企业拥有发明专利数、实用新型专利数和外观设计专利数，以及企业新产品销售收入等指标衡量的创新产出，并最终使企业拥有更多新产品、新技术、新工艺和新品牌。世界各国尤其是创新型国家普遍采用该政策。可以说，运用公共政策之税收优惠政策促进企业自主创新的做法历史悠久，同时，又随着时代的发展变化不断推陈出新。而这种现象的原动力是什么呢，即这种做法的理论依据是什么？或者说有没有理论解释？如果有，那么税收优惠政策促进企业自主创新的机理如何，或者说其传导机制如何？这是在实证检验税收优惠政策促进企业自主创新之前必须回答的问题。

2.1　税收优惠政策与企业自主创新的内涵

2.1.1　税收优惠政策的内涵

1. 税收优惠政策的界定

税收优惠更多地体现为国家税收制度与政策的例外安排，是指在特定时间或地区配合国家经济、政治和社会发展总体目标，国家或政府在税收制度或政策整体设计的基础上，按照预定目的，在税收制度或政策方面采取的激励性或照顾性例外安排设计，以减轻某些特定纳税人应履行的纳税负担，从而补贴纳税人的某些特定活动或相应的特定纳税人。① 它不仅是世界各国调控干预经济，以使经济发展朝预定目标方向前进的重要手段之一，也是弥补市场失效而带来经济福利和发展效率损失的重要措施。按照税收优惠政策发挥的作用不同，可将税收优惠政策分为照顾性税收优惠和激励性税收优惠。② 照顾性税收优惠政策如吸纳残疾人就业企业所享受的税收优惠政策、欠发达地区所享受的税收优惠政策、遭受自然灾害的地区所享受的税收优惠政策等。激励性税收优惠政策如激励企业自主创新的税收优惠政策、激励企业投资的税收优惠政策、激励企业加大出口贸易、提升出口创汇能力的税收优惠政策等。

2. 我国税收优惠政策的类型

按照减轻或免除税收负担的具体方式不同，税收优惠可以分为税基型税收优惠、税率型税收优惠、税额型税收优惠和递延型税收优惠四种类型。③

（1）税基型税收优惠。税基型税收优惠是指通过直接缩小计税依据的方式来实现减税或免税，具体包括起征点、免征额、费用扣除、盈亏互抵等。

起征点亦称征税起点，是指税法规定对课税对象开始征税的数量界限。若课税对象的数额未达到起征点，则不需要课税；若课税对象的数额达到或超过起征点，则要对其全部数额课税，而不仅仅是对其超过起征点的数额课税。我国现行的增值税当中就设置了起征点的规定。税法中规定起征点，是为了关怀和照顾低收入者，它起到了对低收入者给予补贴的效果。

免征额又称税收豁免额，是税法规定对课税对象全部数额中免予征税的数额。当课税对象数额低于免征额时，不予征税；当其数额超过免征额时，则仅对全部课税对象数额中超过免征额的部分征税。税法规定免征额是为了照顾纳税人的最低生活需要，使税收征收更加公平与合理。免征额通常采用定额扣除的方式来确定，也可以采用定率扣除的方式来确定。免征额一般适用于所得税和财产税，如我国的个人所得税工资薪金月费用扣除 5 000 元就属于免征的范畴。

①　盖地. 中国税制［M］. 北京：中国人民大学出版社，2017.

②　万莹. 税式支出的效应分析与绩效评价［M］. 北京：中国经济出版社，2006.

③　万莹. 税收经济学［M］. 上海：复旦大学出版社，2016.

费用扣除又称税收扣除，是税法规定在计算应纳税额时允许从税基中扣除的特定成本、费用项目。费用扣除可以通过两种方法来设置：一是直接扣除法，指对纳税人实际发生的、符合规定的全部或者部分成本费用项目直接扣除，如捐赠费用的税前扣除；二是加计扣除法，指对某些政府鼓励的费用支出项目（如研究开发费用），允许纳税人在据实扣除的基础上，再按一定比例和标准额外多扣除一笔费用，即加计扣除以超过实际发生额、多列支成本费用的方式来减轻纳税人的税收负担。

盈亏互抵又称亏损结转弥补，按照亏损结转的方向不同，分为向前结转和向后结转。向前结转是指税法规定准许纳税人以某一年度的亏损冲抵以后年度的盈余，从而减少其以后年度的应纳税额；向后结转是指税法规定准许纳税人以某一年度的亏损冲抵以前年度的盈余，从而申请退还以前年度已缴纳的税款。亏损结转仅适用于所得税方面优惠的公司，以有利润且要缴纳所得税和有亏损为前提，一般规定了亏损结转的时间期限。故盈亏互抵对经营状况好、资金周转顺畅的企业几乎无激励作用，而对投资者投资前景预期不确定的风险产业具有一定的鼓励作用。因为向后结转不仅要退还以前年度缴纳的税款，给财政核算带来很多不便，还要涉及预算的法律程序问题，所以世界各国大多采取向前结转为主的盈亏互抵方式。

（2）税率型税收优惠。税率型税收优惠是指对特定的纳税人或特定的经济行为，通过直接降低征税率的方式来实现免除或者减轻其税收负担，具体包括减按低税率征税和实行零税率。由于优惠税率的弹性比较大，所以对投资规模大、利润丰厚的企业特别有利，尤其适合进行产业结构调整的企业，即对不同的产业采用不同的流转税和所得税税率，从而达到微观经济行为主动向宏观调整目标靠拢的目的。但是，优惠税率不能规定得太低，否则会对其他税收优惠措施产生冲击，也不利于筹集国家财政收入。为了防止企业对优惠税率的过度依赖，优惠税率的范围应随时间适当调整，或规定一个明确的有效期限。

（3）税额型税收优惠。税额型税收优惠是指通过直接减少应纳税额的方式实现减轻或者免除纳税人的税收负担，具体包括优惠退税、税收抵免和减免税等形式。

优惠退税是指政府出于某种特定的政策目的，将纳税人已经缴纳入库的税款，按照规定的程序全部或部分予以退还，进而减轻纳税人的税收负担。出口退税和再投资退税是优惠退税的两种主要形式。出口退税是指政府对出口货物退还其在国内生产和流通环节实际缴纳的税款，其最大的目的就是鼓励出口，使出口货物以不含税价格进入国际市场，从而增强国际竞争实力。再投资退税是指国家对特定投资者用已征过税的利润进行再投资，可以退还其用于再投资部分利润已经缴纳的税款，主要目的是鼓励投资活动。再投资退税一般适用于企业所得税条款，是发展中国家为吸引外商增加投资所采取的一种常见税收措施。

税收抵免是指税法规定对纳税人符合规定的特定支出项目，允许从应纳税额中部分或者全部扣除，以减轻其税收负担。税收抵免主要有投资抵免和境外税收抵免两种形式。投资抵免是指对纳税人购置固定资产、研究与开发设备等发生的支出，按照一定的比例从当年已缴纳的所得税额中抵减，从而减轻其税负。投资抵免实际上是政府对纳税人投资的一种补助，其鼓励投资的效果最为直接。境外税收抵免是指行使居民税收管辖权的国家，在对本国居民纳税人的境内外全部所得征税时，允许纳税人就境外已经缴纳的所得税额部分或全部从本国应纳税额中抵扣。虽然境外税收抵免的主要目的是避免对跨国纳税人境外所得的国际重复征税，以消除阻碍国际间资本、技术和劳务流动的税收障碍，但其客观上确实起到了减轻跨国纳税人税收负担的作用。为防止境外税收抵免对居住国税收权益的过度侵蚀，各国对境外税收一般采用"限额抵免法"，即规定一个最大抵免额。

减免税是指按照税法规定直接减除纳税人的一部分应纳税款，或者在一定期间内对纳税人的某些应税项目或应税收入应当缴纳的税款直接免予征税优惠待遇。直接减免税的目的是体现国家对某些纳税人的照顾或对某些经济活动的鼓励。在政策制定中，减免税又分为减半征收、核定减征率、全部免税等形式，如我国所得税中对节能、环保项目投资的"三免三减半"优惠，以及个人所得税中对稿酬所得的减征规定。

（4）递延型税收优惠。递延式优惠又称延期纳税，是指税法规定准许纳税人推迟缴纳税款的时间或者分期缴纳税款，从而减轻其当期税收负担。减少了纳税人税款的资金占用，相当于获得了一笔金额为递延缴纳税款额度的无息贷款。与前三种税收优惠形式不同，在递延式优惠下，政府损失的是递延税款的利息收入，而纳税人需要缴纳的名义税款总额保持不变，因而不属于绝对税收优惠，属于相对税收优惠。递延式优惠主要包括加速折旧、分期纳税等形式。

加速折旧是指税法规定准许纳税人采取特殊的计提折旧方法，使其在固定资产使用前期多提折旧、后期少提折旧，从而加速资产成本回收的一种税收优惠措施。常见的加速折旧方法包括双倍余额递减法、年数总和法和缩短折旧年限等。

分期纳税是指税法规定准许纳税人将本应当期支付的税款分摊到未来若干年度分期缴纳。分期纳税通常用于政府鼓励的各种非货币性资产投资和企业重组活动，以减轻税收对企业经营行为的不利影响。

在税收理论研究中，人们一般把直接减少应纳税额的税额型税收优惠、税率型税收优惠称为直接税收优惠，把间接减少应纳税额的税基型税收优惠、递延型税收优惠称为间接税收优惠。直接优惠与间接优惠形式对激励对象各有侧重，在税收管理上各有利弊，在制定具体税收政策时，应根据政策目标的不同，选择适当的税收优惠类型。

3. 我国税收优惠的政策手段

根据我国现行税法及相关税收政策文件，我国四种类型的税收优惠最具代表性的政策手段主要有研发费用加计扣除、低税率、加速折旧及定期减免。

加计扣除是指在计算某税种的计税依据时除作基础扣除之外，还进行计税依据的额外加计扣除，以减少计税依据，最终实现减少纳税额的目标。如《关于提高研究开发费用税前加计扣除比例的通知》规定：科技型中小企业开展研发活动中实际发生的研发费用，未形成无形资产计入当期损益的，在按规定据实扣除的基础上，在 2018 年 1 月 1 日至 2020 年 12 月 31 日期间，再按照实际发生额的 75% 在税前加计扣除。形成无形资产的，在上述期间按照无形资产成本的 175% 在税前摊销。

低税率是指某税种税收优惠条款规定对某些特定纳税人给予较一般税率更低的税率进行征缴。如《企业所得税法》第二十八条规定，符合条件的小型微利企业，减按 20% 的税率征收企业所得税；国家需要重点扶持的高新技术企业，减按 15% 的税率征收企业所得税。

定期减免主要体现为对某些特定的纳税人规定一个税额减免期限，在此期限内可以不缴或少缴税收。如《财政部 国家税务总局关于地方政府债券利息所得免征所得税问题的通知》第一条规定，企业取得的地方政府债券利息收入免征企业所得税。

加速折旧是指对企业购进的固定资产采取如年数总和法、双倍余额递减法进行折旧，以达到对企业购进固定资产的前期减少企业纳税，促进企业发展的目的。如《企业所得税法》第三十二条规定，企业的固定资产由于技术进步等原因，确需加速折旧的，可以缩短折旧年限或者采取加速折旧的方法。

4. 本书所指税收优惠政策范畴

基于本书的研究内容和目标，本书所指的税收优惠政策范畴从类型上主要是促进创新发展的税收优惠政策，尤其是促进企业自主创新的税收优惠政策。主要包括企业研究开发费用税前加计扣除优惠政策、高新技术企业税率优惠政策，以及各项优惠促使最终实际税率降低的总体税收优惠政策，本书将其归纳为总体税收优惠政策、税基型税收优惠政策和税率型税收优惠政策。[①]

2.1.2　企业自主创新的内涵

自主创新本质上来看就是一个产生新价值的过程，而这个新价值的产生归功于自身核心技术的突破，这种核心技术的知识产权属于创新主体自身，并不是从其他地方引进或借鉴的。自主创新的关键点在于核心技术创新的独立性及所有权的掌握。[②] 自主创新的内涵可以从三个不同的角度来明晰。

第一，从其内容来看，自主创新可以分为三大类：一是原始型创新。这类创新是基于技术上的发明创造，利用现有条件创造更多更先进的科学技术。二是集成创新。这类创新是在现有的科学技术之上融合汇总关联技术，创造新的产品、服务，甚至产业。三是吸收、消化再创新。这类创新的源头是基于国外的先进科学技术，充分利用其先进性并进行整合再创新。

---

① 万莹. 税收经济学 [M]. 上海：复旦大学出版社，2016.
② 李宇，高良谋. 技术创新管理 [M]. 北京：清华大学出版社，2016.

第二，从自主创新的过程来看，可以将其分为两个层面：一是知识创新层面。知识创新的关键点在于对自然领域的研究探讨，它是最基本的研究开发阶段，进行知识创新的主体在于科学研究院所与高校的研究者。二是技术创新层面。技术创新也可以说是知识创新的应用，技术创新注重的是将科学研究成果转化为先进技术，从而能够更好地服务社会，进行技术创新的主体关键在于企业。当然，知识创新和技术创新并不能分割开来，两者只有有效结合才能产生更大的效应。企业向科学研究院所与高校提出需求方向，科学研究院所与高校的科研人员进行知识创新，得到原创性科研成果，再将此科研成果与企业实践需求相结合，利用知识创新解决技术创新问题，使两者能够有效结合。

第三，从宏观视角来看，不同主体的自主创新所发挥的作用不同，不同的时间段企业与科学研究院所及高校在创新领域所发挥的作用也不同（如图2-1所示）。但从整体上看，企业的作用相对较为突出，作用表现最为显著的企业有华为、中兴、航天科工等，这些企业也是在创新领域较为突出的企业。[1]《2019中国企业500强报告》数据显示，填报数据的426家企业共投入研发费用9 765.48亿元，与自身同口径比，同比大幅增长了21.71%，华为继续在专利数量、发明专利数量方面保持领先地位。

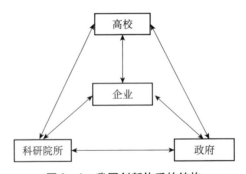

图2-1　我国创新体系的结构

自主创新的内涵使我们了解到它并不是一个简单的过程，我们必须对其有充分的认识。同时，自主创新并不是一个分割的过程，它是一种创新形成的统

---

[1]　中国企业联合会，中国企业家协会.2015中国500强企业发展报告［M］.北京：企业管理出版社，2015.

一整体，我们只有充分认识自主创新的特性才能更好地进行创新。从前面关于自主创新内涵的分析中可以看出，自主创新的特性主要表现在以下几个方面。①

一是核心技术研发的自主性。在世界经济全球化发展的背景下，各国间的竞争相当激烈，一个国家的核心技术不可能实现真正的买卖，其代表的是一个国家的经济实力，甚至是代表在世界的地位及话语权，所以我们只能凭借自己的力量实现技术上的突破创新，这也是自主创新最为根本的特性。

二是技术的首创性。一项技术的所有权直接决定了这项技术的受益者，而想要拥有技术的所有权就必须拥有这项技术的首创权，只有成为技术的首创者，才能在法律上真正成为这项技术的所有者。相反，首创性之外的同类创新并不具备任何实际上的意义，所以所有在进行创新的人员都必须要以首创为根本目标，这样的创新才有意义。

三是市场的率先性。在市场经济全球化的今天，只有抢先占据市场的人，才能在竞争中取得优势。尤其是在高新技术领域或行业，不管是从国家的角度还是从企业的角度出发，只有拥有了率先权，才能在市场上占有领先地位，而企业想要"后来居上"是几乎不可能的事情。拥有技术上的首创性只是成功的第一步，只有将先进技术很好地运用，开发出适合市场消费的产品，才能使企业在经营过程中获取高额利润，提高企业的市场竞争力。

四是充分重视知识和能力的作用。自主创新是一个长久的过程，不能一蹴而就，在进行自主创新的过程中要充分利用好知识与能力的作用，不管是在技术的研发过程、产品的生产过程，还是产品的销售过程，都需要充分运用知识与能力，只有这样创新才有保障，才能从内在保证创新的质量与实力。从整体上来看，自主创新是一个双向的过程，在运用知识与能力保障创新质量的同时，也是创新者自我提高的过程，只有创新者不断强化自身的知识与能力，才能保证创新的质量，并且创新者也能在创新过程中不断进步提升。

五是环境效益与经济效益上的显著性。国家与国家之间、企业与企业之间

①　[美] 玛格丽特·A. 怀特（Margaret A. Whit），加里·D. 布鲁顿（Garry D. Bruton）. 技术与创新管理：战略的视角（第 2 版）[M]. 吴晓波，杜健译. 北京：机械工业出版社，2012.

的综合实力的竞争实际上是其科技能力的竞争。科技优势在某种层面上能使得拥有者在市场竞争中具有绝对优势，甚至能使其在市场中处于垄断地位。从国际产业分工的地位来看，科技优势的拥有者能在市场中获得远远高于其他人的利润，也就是能在市场中获取超额利润。科学技术的缺乏会导致企业甚至国家损失大量的经济利益。

2.2 税收优惠政策促进企业自主创新的理论依据

税收优惠政策属于政府基于某种特定经济社会发展目标而制定的公共政策范畴，每一项公共政策的制定与出台都有其现实发展需要，也有其理论推理演绎的可能。[①] 现实的需要使作为公共政策之一的税收优惠政策出台有其必要性，理论推理演绎使税收优惠政策出台有其可能性。每一次创新和变革都充满着不确定性，充满着风险与挑战，但创新成功又会带来经济的巨大发展和全社会福利的整体提升。基于此，全社会各主体尤其是国家应主动支持呵护创新，尽力降低创新风险，为创新主体实现自主创新保驾护航。政府采取税收优惠政策促进企业自主创新就是其必要性和可能性的重要体现。

2.2.1 公共产品理论

公共产品相对于市场上其他商品而言，在价格与消费者方面具有不同的特性。公共产品的价格相对较低，但公共产品的需求者也是需要界定的。只要公共产品投放到市场上，在完全竞争的市场条件下，没有任何办法阻止其他消费者购买此类公共产品，这也是公共产品的非竞争性以及非排他性导致的。而运用公共产品理论来探讨企业自主创新，也是因为企业的自主创新拥有与公共产品类似的特性，也充分具有消费的非竞争性和受益的非排他性。

主流经济学派学者提出，在完全竞争市场条件下，市场能够充分发挥其自身的作用，使得市场资源得到合理优化的配置。但是，在实际条件下，市场

---

① 万莹. 税收经济学 [M]. 上海：复旦大学出版社，2016.

这只无形的手并不能使得市场资源得到完全合理优化的配置，市场机制在经济活动过程中只能起到基础性的调节作用，市场机制这只无形的手要想充分发挥作用是离不开政府这只有形手的协助。然而，在不完全竞争条件下，市场会产生失灵。所谓市场失灵，也就是劳务、商品在市场中不能得到有效的配置。

经济学定义的市场失灵是限定在劳务、商品分配十分混乱的情况下，或者当有更高效率的市场机制存在，目前的市场机制也就导致市场失灵。除此以外，市场失灵还会被用来表示市场难以满足公众需求的状况。通过以上分析可以看出，运用公共产品理论探讨自主创新，即界定自主创新的成果属于公共产品类，自主创新的成果与公共产品的特性类似，而市场失灵较为重要的原因之一是公共产品的存在。

企业通过自主创新研发成功的技术、专利或产品，或者说企业自主创新活动本身就具有典型的公共品特性，即某一企业研发的技术、专利或产品会充分体现出消费的非竞争性和受益的非排他性。一项新技术面市，如果不受知识产权保护，企业就无法排除那些不愿为该技术发明付费者使用该项技术，这样就会最终导致企业研发无法进行。税收优惠正是用政府有形的手引导社会资源配置到企业创新研发活动领域。

自主创新成果具有公共品的属性，而市场失灵需要国家补给公共品来调节市场，创新成果的公共品属性的强弱，直接决定国家提供支持的力度。前者越强，则后者提供的支持就越大；前者越弱，则后者提供的支持就越小。支持的方式则选择财税优惠工具及相关措施来调节市场失灵，从而缩小私人边际收益与社会边际收益之间的距离。自主创新过程所导致的私人边际收益越大，政府所提供的财税优惠程度就越小。在这一过程中，外部效应与风险程度也有所不同，风险和外部效应越大，市场失效程度就越高，国家提供的财税政策支持力度就越高。

2.2.2　外部效应理论

对于外部效应理论的分析，一直是国内外学者探讨的热点，许多专家学者分别从不同的角度来探讨外部效应理论。最早提出外部经济这一概念的是英国的经济学家马歇尔（Marshall，1890），他在其著作《经济学原理》中提出外部经济这一概念，并对其进行阐述。书中提出外部经济的主体是基于企业而言，企业的生产成本在缩减并非由于企业自身的原因，而是由于企业外部情形的变化，如商品市场远近、行情变化、其他相关公司发展情况及政策环境等。相反，外部经济则是由于这些企业外部情形的变化导致企业的生产成本在不断增加。

英国经济学家庇古（Pigou，1994）在前人的研究基础上全面地分析了外部效应，他从福利经济学的角度来看外部效应，指出外部效应的存在引发边际成本及边际收益在私人和社会上分配不均匀，社会资源由于外部效应的存在并不能得到合理优化的配置。为此，在应对外部效应时，政府应该充分发挥有形手的作用，从公共品入手，通过征收"庇古税"来均衡边际成本及边际收益。在不完全竞争市场条件下，更需要靠政府这只有形的手来介入市场，调节市场平衡。

美国经济学家科斯（Coase，1937）提出，在某些条件下，经济的外部性或低效率可以通过当事人的谈判而得到纠正，从而达到社会效益最大化。也就是说，市场失灵并不一定会导致经济外部效应，只要明晰产权，将外部效应与知识产权结合起来，通过完善产权制度使得市场达到均衡，从而避免外部效应的产生。

自主创新存在外部效应，这必然会使得私人的边际收益与社会的边际收益不一样。在自主创新的过程中，如果社会的边际收益要大于私人的边际收益，也就意味着创新主体并没有完全享受到创新所带来的益处，而这一好处反而被其他无关的人员享用，这必然会大大挫伤创新主体的创新动力，阻碍创新活动的开展。因此，为弥补企业创新活动的外部性，也即使企业创新的边际收益小于社会边际收益，政府对企业自主创新实施税收优惠政策，以使其边际收益接近甚至等于社会边际收益。当企业自主创新的外部性得以解决，企业的自主创新活动就会更加活跃，从而国家的创新也会持续推进。

2.2.3　风险管理理论

风险意味着不确定性，这种不确定性会导致未来收益的不确定性，对这种不确定性进行管理称之为风险管理，与之相关的理论称之为风险管理理论。1950 年之前，现代风险管理的雏形就已经形成，如法约尔的安全生产思想，但是风险管理得到较为系统全面的发展是在 1950 年之后，最早提出风险管理的是加拉格尔（Gallagher，1950），他是首个在论文中提到风险管理概念的学者，其后，约翰索（Johnso，1952）在其文中将风险管理运用到企业的生产经营中。而奠定风险管理作为一门学科的是迈尔和罗克诗（Mehr & Hedges，1963）的《企业风险管理》以及威廉姆斯和汉斯（C. A. Williams & Richard M. Heins，1964）的《风险管理与保险》的出版，从而使得风险管理正式进入到大众的视野。奥特威和帕内（Otway & Pahne，1976）对风险管理理论进行了系统论述，他指出风险管理也是一个流程，进行管理时需要分步进行。首先需要确定的是风险的存在概率及其类别，然后确定之后对该风险进行评估，最后对还没有发生的风险进行防范，对已经发生的风险进行控制。

随着风险管理理论的进一步发展，有些研究者运用心理学的知识来规范技术风险，提出规范化标准对于平衡技术风险的重要性。风险管理除了风险本身之外，对于风险管理者也有比较严格的要求，管理者作为风险防范与风险控制的主要相关者，需要对风险的整体结构有一定程度的了解，进一步分析技术风险所固有的特性，对于防范风险的发生及控制风险的危害有良好的效果。

风险管理理论所追求的最终目标是提高企业的经营效率，而在本书中，企业自主创新过程中运用风险管理理论可以很好地降低企业自主创新的风险，提高企业自主创新的成功率。对于企业自主创新过程中所遇到的最主要的风险就是技术风险，而我国目前对于企业技术风险管理理论的研究还仅仅在于表面的研究，主要集中在对于国外研究的翻译，单纯地介绍某个风险理论，而没有形成自主的较为系统的研究。目前，国内外对于技术风险的界定是基于整个社会层面，其研究的重点主要来源于工业社会背景下的风险演变过程。

基于企业自主创新的风险性，政府也理应采取政策手段支持企业自主创新，以更好地管理企业自主创新的风险，降低企业自主创新的成本，提高企业自主创新效率。正因如此，国家给予企业自主创新税收优惠政策，构建企业自主创新的风险补偿机制，对企业自主创新进行预期管理，这种机制有力地保障了企业自主创新的积极性。

2.2.4 内生增长理论

20 世纪 80 年代初，内生增长理论被提出并被广泛运用。该理论指出，决定企业持续经营发展最为重要的因素是企业自身的科技进步，其他外界的影响因素并没有起到多大作用。亚当·斯密在其著作《国富论》中谈到科技进步会大大提高国民财富。提出的这一理论也相继被后来学者们认同并推广，其中，主张该理论的代表学者有罗默（Romer）和卢卡斯（Lucas）。而美国经济学家索洛（Solow，1957）建立的经济增长模型 $Y = A \cdot F (K, L)$，也称为外生经济增长模型，其中，K 代表资本，L 代表劳动，A 代表技术发展水平，此时的 A 是作为外生变量，并不能说明其对经济增长的作用，也即技术对经济增长发展的贡献是外生的。

美国经济学家阿罗（Arrow，1962）提出内生经济增长模型 $Y = F (K, AL)$，他是最早将科学技术作为内生变量进行研究的学者。美国经济学家罗默（Romer，1986）提出内生经济增长理论，他认为经济的增长源于知识与科学技术的进步。美国经济学家卢卡斯（Lucas，1988）则对科学技术进步进行了细化分类，他认为科学技术进步最为关键之处在于对科学技术人才的培养，增加人力资本投入，人力资本的价值便会得到提高，企业的创新能力便会增强。同时，卢卡斯也提出，科技创新能力的提高所带来的价值要远远大于技术进步所产生的价值。

著名美国经济学家熊彼特（Schumpeter，1912）提出，创新是处于一个不断从生长到消亡到再生长的过程，这个此起彼伏的增长过程也导致经济的发展呈现周期性的波动，经济的增长呈现了螺旋式增长的趋势。提高企业自主创新能力，将带动整个国家的创新能力发展，从而促使整体国家经济持续向上。在我们国家的企业当中，中小型企业占据了绝大多数，也成为市场上创新最具有活力的主体，企业创新能力的提高会大大地提高国内经济的增长速度。

内生增长理论说明了企业自主创新对经济发展的重要作用，即企业的自主创新是经济增长的重要原动力。企业的自主创新从其根源上来讲是属于内在的因素，政府不可以直接进行干预，但可以通过适当的财政税收政策进行引导，提高企业自主创新的积极性，这为政府进一步设计财税优惠政策促进企业自主创新提供理论支撑。基于此，国家要制定推动企业自主创新的企业所得税优惠和个人所得税优惠，激励企业对培育创新能力的投入，即激励企业增加创新投入。

2.3　税收优惠政策促进企业自主创新的传导机制

传导机制指事物不同节点之间或不同阶段之间从一个节点或阶段到另一个节点或阶段的运动演进过程。某种政策效应的传导机制指将政策视为一种工具或手段，并使用这种工具或手段实现最终预定目标的整个过程。因此，税收优惠政策促进企业自主创新的传导机制即指运用税收优惠政策工具或手段实现促进企业自主创新达到预定目标的整个过程。税收优惠政策是财政政策的重要组成部分，也是财政政策的重要内容，其传导机制具有财政政策传导机制的共性，也有其自身的特殊性，同时，不同税收优惠政策由于其作用的重点、形式不同，其产生效应的传导机制也不尽相同，也有其自身的特殊性。

2.3.1　税收优惠政策促进企业自主创新的基本原理

本书所讨论的是企业研发费用税前加计扣除优惠政策，即税基型税收优惠政策，高新技术企业税率优惠政策即税率型税收优惠政策，以及总体税收优惠政策等，都有实现促进企业自主创新的共同传导原理，同时，也有特殊传导机制和不同政策效果，其共同传导原理与企业自主创新的关键制约因素密切相关。根据企业自主创新的特点和当前我国企业自主创新存在的问题，可知企业自主创新的关键制约因素为主观上的企业自主创新动力和客观上的企业所拥有的自主创新资源，也即企业的主观创新意愿和企业的客观创新能力，其传导机制的基本原理如图 2 - 2 所示。

一方面，通过构建补偿机制、保障机制和削减机制，促使企业将自主创新

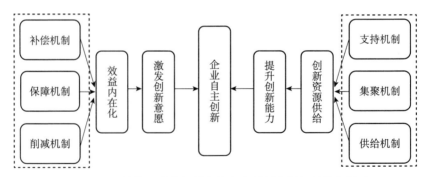

图 2 - 2　税收优惠政策促进企业自主创新传导机制基本原理

所产生的效益内在化,从而激发企业的创新意愿,并最终促进企业实施自主
创新。

　　补偿机制主要是指政府通过税收优惠政策,减少企业纳税,从而无形中增
加了企业的收入,进而补偿企业在自主创新中由于效益外溢所产生的损失,补
偿企业由于致力于创新而损失的时间成本、资金成本、人力成本和市场机会成
本等。

　　保障机制是政府通过对企业实施税收优惠,使企业自主研发创新在面临风
险时有保障,保障企业不因为有风险而减少研发投入。案例或事实证明,企业
开展研发创新会面临诸多风险,而税收优惠就如企业向政府或者说政府向企业
提供的一种政策性保险,保障着企业研发投入免受风险。

　　削减机制是政府通过对企业进行税收优惠来削减企业由于管理不慎或者产
生风险时所遭受的损失,使企业能够继续实施研发活动。保障机制是让企业吃
"定心丸",使企业不畏惧创新风险而勇往直前。但有些风险无论企业是否畏
惧,它都会发生,削减机制就是在企业面临的风险真正发生时而给予的制度
安排。

　　另一方面,通过构建支持机制、集聚机制和供给机制,促使企业不断获得
创新资源的供给,从而最终提升企业的自主创新能力。

　　支持机制即指政府通过税收优惠政策,以减少政府财政收入为代价,使更
多的收入留在企业,尤其在经济发展状况和经济发展大环境不佳、经济面临重
大变革时期,将财富藏于民、藏于企业,从而支持企业积极开展研发工作,促
使企业保持创新定力。

集聚机制即政府通过税收优惠政策，产生引导或导向作用，吸引更多投资者投资于获得税收优惠的行业，从而引导资源配置，即促使资源向国家战略允许甚至鼓励的方向集聚，无形中为企业自主创新集聚社会资源。

供给机制即指政府通过税收优惠政策引导创新的技术供给和人才供给。企业自主创新在很多情况下是通过吸收引进再创新，因此，就应该有通过税收优惠而构建的原始技术的供给机制，以原始技术为基础进行更高层次的创新。此外，促进创新人才集聚的税收优惠政策有助于创新人才的供给。

总之，税收优惠政策工具或手段要实现促进企业自主创新意愿和能力提高的目标，其设计原理应是税收优惠政策激发企业自主创新动力或是增强企业自主创新资源，即激发企业自主创新的意愿和提升企业自主创新的能力。激发企业自主创新的意愿，关键是使企业自主创新成果公共品属性的效益内在化，也即建立企业自主创新收益保障机制，具体可以通过建立企业自主创新收益与社会总收益之差的补偿机制、创新收益持续获得的保障机制和创新风险的削减机制得以保障。提升企业自主创新的能力，关键是持续供给企业创新资源，也即建立企业自主创新资源保障机制，具体可以是建立企业自主创新资金支持机制、企业自主创新人才培养和集聚机制，以及企业自主创新技术源泉引进及供给机制。

2.3.2　税收优惠政策促进企业自主创新的传导机制

1. 税基型税收优惠

企业研发费用税前加计扣除优惠政策，是指按照《中华人民共和国企业所得税法》规定的企业在研究开发新产品、新技术、新工艺时所发生的研究开发费用，可以在计算企业应纳税所得额时全额扣除的基础上，在年终汇算清缴企业所得税时再加成一定比例（50% 或 75%）① 进行应纳税所得额扣除，是一项促进企业自主创新税收优惠政策，也即对税基进行优惠的政策。此项政策促进企业自主创新的传导机制如图 2 - 3 所示。

首先，国家以税法的形式制定了企业研发费用税前加计扣除税收优惠政

---

① 《财政部 税务总局 科技部关于提高研究开发费用税前加计扣除比例的通知》第一条。

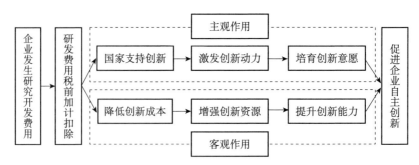

图 2 – 3　税基型税收优惠政策促进企业自主创新传导机制

策，使企业开展研发之前就有研发费用税前加计扣除预期。

其次，当企业进行研究开发而产生研发费用之后，按照税法及《财政部国家税务总局 科技部关于完善研究开发费用税前加计扣除政策的通知》规定，归集企业可给予扣除的研究开发费用。

再次，符合相关规定的企业研究开发费用作为应纳税所得额的抵减项进行税前扣除。这一方面，主观上真正体现了国家对企业自主创新的大力支持，从而激发企业的自主创新动力，有利于培育企业的创新意愿；另一方面，客观上减少了企业应纳所得税额，降低了企业的成本，从而增强了企业的创新资源，最终将提升企业的创新能力。

最后，当制约企业自主创新的两个核心问题，即企业的主观自主创新意愿和客观自主创新能力得以解决之后，就自然有利于促进企业的自主创新。

2. 税率型税收优惠

税率型税收优惠政策，是指按照《高新技术企业认定管理办法》和《国家重点支持的高新技术领域》的相关规定，被认定为国家需要重点支持的高新技术企业减按 15% 的税率征收企业所得税的税收优惠政策。税率型优惠政策促进企业自主创新的传导机制如图 2 – 4 所示。

首先，国家以《中华人民共和国企业所得税法》的形式制定了国家需要重点支持的高新技术企业减按 15% 的税率征收企业所得税的税收优惠政策，使企业根据《高新技术企业认定管理办法》和《国家重点支持的高新技术领域》的相关规定，积极促使自身符合条件申报认定为国家需要重点支持的高新技术企业。

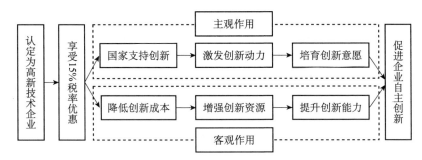

图 2-4　税率型税收优惠政策促进企业自主创新传导机制

其次，当企业被认定为国家需要重点支持的高新技术企业之后，继续根据《高新技术企业认定管理办法》相关规定接受监管部门监督，并申报确定减按15%税率缴纳企业所得税。

再次，当企业被确定为国家需要重点支持的高新技术企业减按15%的税率缴纳企业所得税时，一方面，通过国家实施较基本税率更低的税率征收税收，从而补偿研发过程中出现效益外溢的高新技术企业，保障企业不遭受研发风险的影响，削减企业出现研发风险而承担的损失，真正体现了国家对高新技术企业自主创新的大力支持，给予企业良好的预期，从而激发高新技术企业的自主创新动力，有利于培育高新技术企业的创新意愿；另一方面，通过构建创新资金的支持机制、创新人才的集聚机制和创新原始技术的供给机制，提升高新技术企业的创新能力。

最后，当制约高新技术企业自主创新的两个核心要素，即高新技术企业的主观自主创新意愿和客观自主创新能力得以优化之后，就自然有利于促进高新技术企业的自主创新。

2.4　税收优惠政策促进企业自主创新的理论模型

税收优惠政策促进企业自主创新有其特有的传导机制，这种传导机制是符合相关经济学和管理学理论的传导机制的，是可以通过严格的数理模型推导的，也即税收优惠政策促进企业自主创新的机理可以通过理论模型予以表达推导。根据相关经济学和管理学理论，有诸多因素共同影响着企业自主创新，其中就包括税收优惠政策。通过对税收优惠政策促进企业自主创新的传导机制分析，可知企业自主创新效应的高低主要取决于企业自主创新的意愿和企业自主创新的能力，而企业自主创新的意愿和企业自主创新的能力又分别取决于企业自主创新的动力和企业拥有的自主创新资源。各项税收优惠政策不仅可以主观上提升企业自主创新的动力，还可以客观上持续增加企业的创新资源。如果将某项具体的税收优惠政策作为促进企业自主创新的其一变量，那本书所要研究的税收优惠政策（包括企业研发费用税前加计扣除税收优惠政策即税基型税收优惠政策和高新技术企业税率优惠政策即税率型税收优惠政策），其促进企业自主创新的理论模型便可以得知。

2.4.1 税基型税收优惠政策促进企业自主创新的理论模型

企业研究开发投入是企业成本的重要组成部分，尤其在以研究开发业务为主的高新技术企业，其研究开发投入更是占企业成本的绝大多数，并且，研发存在的较大风险可能使企业研发成本无法收回。由此，主观上可能会降低企业研发意愿，客观上将影响企业的创新资源，最终导致企业创新效应降低。而企业研发费用税前加计扣除税收优惠政策是企业研发投入成本的减项，可以有效降低企业的研发成本。根据企业资本成本分析模型，企业研发费用税前加计扣除税收优惠政策即税基型税收优惠政策是降低企业研究与试验发展（R&D）投入成本的重要途径，也即降低企业创新成本的重要途径，有利于更好促进企业自主创新。

现假定某公司为使利润最大化，该公司在 t 期进行研发投资，在（$t+1$）期才可获得投资回报。假定该公司的资金来源于企业留存收益，并且免征终极控股股东个人所得税。再进一步假定该公司没有面对税收变化的预期。在没有税收的情况下，公司在 t 期的价值由其未来收入的净现值决定，并令它为 V_t^{*}[①]，则有：

$$(1 + i)V_t^{*} = D_t^{*} + V_{t+1}^{*} \tag{2 - 1}$$

---

① 注：本节以下所有带 * 号上标的变量均表示不考虑税收。

其中，i 表示名义利率，D_t^* 是在不考虑税收的情况下公司支付给终极控股股东的股利。母公司支付的股息为：

$$D_t^* = f(G_{t-1}) - R_t \tag{2-2}$$

其中，$f(\cdot)$ 表示净收入函数，G_{t-1} 表示（$t-1$）期研发库存的价值，R_t 表示对研发的投资，并且产出和研发的价格在 t 期都是正常的。研发库存的运算方程由 $G_t = (1-\delta)(1-\pi)G_{t-1} + R_t$ 给定，其中，δ 表示经济折旧率，π 表示一定时期的通货膨胀率，在产出和研发库存上意思表示一致，并且伴随时间和国家的不同而不同。根据相关推理可得，在 t 时期增加一单位的研发投资，就会使得研发库存在 t 时期同向变动一个单位，并且会使得（$t+1$）期的折旧额减少不超过一个单位，如式（2-3）所示：

$$dR_t = 1 \quad dR_{t+1} = -(1-\delta)(1+\pi) \tag{2-3}$$

同时，这种对资本库存的调节会带来如式（2-4）所示的收益。

$$df(G_t) = (p+\delta)(1+\pi_t) \tag{2-4}$$

其中，p 表示息税前经济回报（也随时间、国家和资产的变化而变化）。经济租金 Π^*，指在不考虑税收的情况下公司研发库存的变动给公司带来的收益，这一公式已由式（2-1）给出。如果再考虑式（2-2）、式（2-3）和式（2-4），则该公式可以改写为：

$$
\begin{aligned}
\Pi_t^* = (1+i)dV_t^* &= dD_t^* + dV_{t+1}^* \\
&= 1 + \frac{(p+\delta)(1+\pi) + (1-\delta)(1+\pi)}{1+i} \\
&= \frac{1+p}{1+r} - 1 \\
&= \frac{p-r}{1+r}
\end{aligned}
\tag{2-5}
$$

其中，$r = [(1+i)/(1+\pi) - 1]$ 表示实际利率。

现在再假定 p 和 r 为常数，接下来考虑补贴与税收是怎么影响经济租金变动的。进一步考虑以下情况。

（1）企业按 τ 缴纳企业所得税。

（2）公司研发投资的成本因折旧补贴而减少。我们用 A^d 表示折旧补贴，假定企业折旧方法为递减折旧或直线折旧。如果折旧补贴是在递减折旧基础上

以 Φ 为折旧率（假设从第一期开始），那么折旧补贴在下一期的价值便为 $\tau\Phi$，在后续各期，折旧补贴的价值以（1 - Φ）比率下降。我们可以定义这些折旧补贴的现金流量的净现值为 A^d，那么：

$$A^d = \frac{\tau\Phi(1 + r)}{\Phi + r} \qquad (2-6)$$

其中，r 表示企业折现率。如果企业采用的是直线折旧法，那么式（2-6）便表示为：

$$A^d = \tau\Phi \qquad (2-7)$$

（3）企业研发投资成本会因加计扣除额而减少。假定 A^c 为加计扣除额，我们可以计算加计扣除额 A^c 的净现值，其大小取决于加计扣除额的比率和设计。影响加计扣除额价值的主要因素有：一是加计扣除额是适用于总研发支出还是增量研发支出；二是在研发支出增量情况下，支出的基础水平怎么定义；三是加计扣除额是否在企业中存在上限。以总量为基础的加计扣除额（加计扣除额按照研发总支出进行计算），企业加计扣除额的价值将等于法定加计扣除率（τ^c）。

$$A^c = \tau^c \qquad (2-8)$$

如果是一种增量加计扣除额，且企业采取周期移动平均为基础，那么加计扣除额的价值变为：

$$A^c = \tau^c \Big[B_t - \frac{1}{k} \sum_{i=1}^{k} (1 + r)^{-i} B_{t+i} \Big] \qquad (2-9)$$

其中，τ^c 表示法定加计扣除率，B_{t+i} 可以看作一种指示器，当研发支出在 t 期其增量研发基础之上大于零时，B_{t+i} 等于 1，否则就为零。如果企业可以获得的加计扣除额存在上限，那么要么大于零（如果公司加计扣除额在上限以内），要么等于零（如果公司加计扣除额超过其上限水平）。以上 A^d、A^c 总结了投资成本的净减少，并且一项税后的投资项目成本统一为税前项目成本的 $[1 - (A^d + A^c)]$。假如将（$t + 1$）时期的投资减少（$1 - \delta$）（$1 + \pi$），如式（2-3）所示，会造成这些补贴减少（$A^d + A^c$）（$1 - \delta$）（$1 + \pi$）。最后，要考虑的是加计扣除额的变动对支付给股东的股利的影响。假定股利为存在加计扣除额下的净收益，则公司在存在税收情况下的价值为：

$$(1 + i)V_t = \gamma D_t + V_{t+1} \qquad (2-10)$$

其中，γ 为衡量留存收益和利润分配间的税收歧视程度。在存在税收的情况下，经济租金，也即企业价值变动额的净现值表达式，相当于式（2-5），可以重新定义为：

$$\Pi = (1 + i)dV_t = \gamma dD_t + dV_{t+1}$$

$$= \gamma \left[\frac{(p + \delta)(1 - \tau) + (1 - \delta)(1 - (A^d + A^c))}{1 + r} \right] \qquad (2-11)$$

$$[1 - (A^d + A^c)]$$

考虑税收对边际项目的影响（也即经济租金为零）。设 $\Pi = 0$，求 P，可以得到企业研发资本成本 $\tilde{p}$，即：

$$\tilde{p} = \frac{[1 - (A^d + A^c)]}{1 - \tau}(r + \delta) - \delta \qquad (2-12)$$

研发费用税前加计扣除税收优惠政策最终给企业带来的税收优惠额与直接税收抵免的数理计算推理原理也基本一致，根据式（2-11）和式（2-12）可知，补贴 A^d 和税收优惠额或税收抵免额 A^c 会增加企业的经济租金，并减少企业研发投资的成本，从而会促进企业自主创新效应的提高。

2.4.2 税率型税收优惠政策促进企业自主创新的理论模型

优惠税率是指国家根据相关税收法律规定对特定纳税人给予的较一般纳税人更低的税率进行征税。本书所指的优惠税率税收优惠政策，是指国家对根据《高新技术企业认定管理办法》认定的高新技术企业减按 15% 的税率进行征税，也即最终表现为对企业征收较国家规定的基本税率更低的企业所得税。企业自主创新效应的衡量指标之一是研究与试验发展（R&D）经费投入强度指标，企业由于国家征税而负担的税收是企业 R&D 投入成本的重要组成部分，优惠税率实际是其 R&D 投入成本的减项。

根据戴尔·乔根森（Dale W. Jorgenson，1962）标准资本成本模型[①]：

$$I = \lambda(K_t - K_{t-1}) \qquad (2-13)$$

---

① Dale W. Jorgenson. Capital theory and investment behavior [J]. The American Economic Review, 1962, 53 (11)：247-259.

式（2－13）中，I 为企业在 t 时期为实现其意愿资本存量 K_t 而对（$t-1$）期实际资本存量 K_{t-1} 进行的调增量。企业当期投资额的重要影响因素之一就是企业的意愿资本存量。根据企业投资决策理论，企业做出利润最大化目标投资决策的原则为其投入要素的边际收入恰好与其要素的成本相等。因此，企业的意愿资本存量 K_t 也即资本的边际收入与其成本相等时的资本存量。再假定被研究的企业没有自有资本，则其使用资本的成本仅包括折旧成本和融资成本，分别取决于折旧率和市场利率。假定资本品的价格为 P，市场利率为 r，折旧率为 d，同时，不考虑通货膨胀因素。可以分析税率对企业 R&D 经费投入的影响。

令 C 为投入资本的成本，当国家不征企业所得税时，企业 R&D 经费投入成本为：

$$C = P(r + d) \qquad (2-14)$$

当国家征收企业所得税时，且假定企业所得税的税率为 T（$0 < T < 1$），且不允许税前扣除资本品折旧额和资本品利息，则企业 R&D 经费投入成本为：

$$C = P(r + d)\frac{1}{1 - T_1} \qquad (2-15)$$

由式（2－15）可知，企业所得税提高了 R&D 经费投入的成本，且税后的成本是原成本的 $1/(1 - T_1)$，从而国家征税提高了 R&D 成本，这将会抑制企业进行研发投入。

当国家征收企业所得税，直接给予企业较一般税率更低的优惠税率，或者是通过给予企业各种税收优惠政策，从而最终使企业的实际税率低于一般税率时，且假定企业所得税的优惠税率或实际税率为 T_1（$0 < T_1 < T < 1$），且允许税前扣除资本品折旧额和资本品利息，令一单位资本品将来折旧的现值为 δ，一单位资本品将来利息的现值为 η，则当只考虑允许税前扣除资本品折旧额和资本品利息，不考虑优惠税率或实际税率时，企业 R&D 经费投入成本为：

$$C = P(r + d)\frac{1 - T\delta - T\eta}{1 - T} \qquad (2-16)$$

式（2－16）中，通常情况下（$1 - T$）>（$1 - T\delta - T\eta$），因此，允许税前扣除资本品折旧额和资本品利息会激励企业的研发投入。而当同时考虑优惠税率或实际税率时，企业 R&D 经费投入成本由式（2 – 16）变化为：

$$C = P(r + d)\left[(\delta + \eta) + \frac{1 - \delta - \eta}{1 - T_1}\right] \qquad (2 - 17)$$

由式（2 – 17）可知，企业 R&D 经费投入成本 C 是企业所得税税率的减函数。企业所得税的税率越低，企业 R&D 经费投入成本也随之减少。由此可见，优惠税率或实际低税率会激励企业增加 R&D 经费投入，从而促进企业自主创新。

第3章

我国企业自主创新现状及
相关税收优惠政策

改革开放以来，我国对企业自主创新引导与支持的重视程度不断提升，尤其是进入 21 世纪以来，党和国家对自主创新的重视达到了空前的高度，不断从战略高度谋划国家的自主创新。2005 年 10 月，党的十六届五中全会提出启动实施自主创新战略，增强国家自主创新发展能力，并提出要通过 15 年左右的时间实现迈入创新型国家行列的目标。党的十七大进一步提出，要加快提高自主创新能力，推进创新型国家建设，同时，将自主创新正式确立为国家发展战略的核心和提高国家综合国力的关键。党的十八大提出实施创新驱动发展战略，指出科技创新是提高全社会生产力及国家综合国力的战略支撑，必须将其摆在国家发展战略全局的核心位置。坚持走中国特色的自主创新道路，立足全球视野，谋划和推动自主创新，努力提高原始创新、集成创新及引进、消化、吸收再创新的能力，并且更加注重协同创新。党的十九大再次强调要深化我国科技体制改革，建立健全以企业为主体、市场需求为导向、产学研深度融合并高度协同的技术创新体系，培养和倡导创新文化，强化知识产权原始创造、全方位保护、积极运用。

2020 年 9 月 11 日，习近平总书记在科学家座谈会上指出："我国'十四五'时期以及更长时期的发展对加快科技创新提出了更为迫切的要求。加快科技创新是推动高质量发展，实现人民高品质生活，构建新发展格局，顺利开启全面建设社会主义现代化国家新征程的需要。我国经济社会发展和民生改善比过去任何时候都更加需要科学技术解决方案，都更加需要增强创新这个第一动力。"与此同时，国家从具体的战术角度出台了一系列公共政策，尤其是税收优惠政策，推动和促进企业自主创新，落实推进建立创新型国家的战略目标。

3.1 我国企业自主创新的现状

3.1.1 我国企业自主创新的现状分析

1. 企业自主创新投入概况

（1）R&D 经费支出逐年增加，但增长幅度呈下降趋势。用于衡量自主创新投入状况的主要指标为研究与试验发展（R&D）投入，其投入主体或称执行部门，主要有企业、研究机构、高等学校及其他机构等。企业进行自主创新更离不开 R&D 经费的支持，甚至 R&D 经费的多少对自主创新的成功概率高低起决定性作用。根据《中国科技统计年鉴》相关数据，按执行部门分类，我国 2018 年的 R&D 经费支出构成比例如图 3－1 所示。2018 年，我国各类企业投入的 R&D 经费总支出占 77.42%，企业、研究机构、高等学校及其他机构这四个执行部门的 R&D 经费支出占据了绝大部分，成为我国进行自主创新的绝对主体。

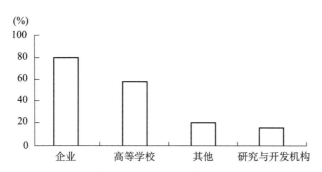

图 3－1 2018 年全国 R&D 经费支出按执行部门结构比例

资料来源：由 2019 年《中国科技统计年鉴》相关资料整理而得。

2011～2018 年，我国企业 R&D 经费的内部支出额分别为 6 579.3 亿元、7 842.2 亿元、9 075.8 亿元、10 060.6 亿元、10 881.3 亿元、12 144.0 亿元，

13 660.2 亿元，15 233.7 亿元（见表 3 - 1）。可见，2011 ~ 2018 年，R&D 经费投入额每年都在增长，但投入 R&D 经费内部支出的增长率在不断下降，2011 ~ 2018 年的增长率分别为 26.88%、19.20%、15.73%、10.85%、8.16%、11.60%、12.49% 和 11.52%，从 2012 年至今，投入 R&D 经费的内部支出增长率均小于 20%。虽然从总体上看，我国对 R&D 经费内部支出的投入总额在不断增加，但是每年的增长幅度却总体呈下降趋势，其在 2016 年之后有所回升，主要是因为基础研究投入额出现跳跃式增长。

表 3 - 1　　　　　　2011 ~ 2018 年我国工业企业 R&D 经费内部支出及其增长率

年份	投入额（亿元）				年增长率（%）			
	R&D 总经费	基础研究	应用研究	试验发展	R&D 总经费	基础研究	应用研究	试验发展
2011	6 579.30	7.27	190.97	6 381.10	26.88	67.92	51.31	26.24
2012	7 842.20	7.09	238.86	7 596.30	19.20	-2.48	25.08	19.04
2013	9 075.80	8.60	249.20	8 818.00	15.73	21.37	4.33	16.08
2014	10 060.60	10.00	315.20	9 735.50	10.85	16.21	26.47	10.40
2015	10 881.30	11.40	329.30	10 540.70	8.16	13.96	4.49	8.27
2016	12 144.00	26.08	368.60	11 749.30	11.60	128.87	11.92	11.47
2017	13 660.20	28.90	438.30	13 193.00	12.49	10.98	18.91	12.29
2018	15 233.70	33.50	578.20	14 622.00	11.52	15.72	31.94	10.83

资料来源：由 2012 ~ 2019 年《中国科技统计年鉴》相关资料整理而得。

（2）R&D 人员数量有所增长，但增长幅度较低。早在 19 世纪初，我国就提出了实施人才强国、人才兴国的战略。在我国经济社会不断发展过程中，人才已经成为发展中最为稀缺的资源之一。同时，企业发展的质量也在很大程度上由人才的数量和质量决定，大力引进高科技人才是推动企业发展进步的重要前提条件。企业要提高自身的自主创新能力，就必须注重科研人才的引进与培养，提供有利于科研人才发展的良好环境，促使科研人才的能力在企业得到充分发挥。然而，2011 ~ 2018 年，我国企业的 R&D 人员数量虽然在不断增加，截至 2018 年 12 月底已经达到 490.319 1 万人，总体数量在不断提高，但年增长率相对较小，且增长速度总体在递减（见表 3 - 2）。为此，应大力增加 R&D 人员的数量。

表 3 - 2　　　　　　　　　2011～2018 年我国企业 R&D 人员数量及增长率

年份	R&D 人员 数量（万人）	企业 R&D 人员 数量（万人）	企业 R&D 人员 数量增长率（%）
2011	401. 757 8	284. 596 3	16. 98
2012	461. 712 0	336. 642 6	18. 29
2013	501. 821 8	371. 237 5	10. 28
2014	535. 147 2	398. 161 1	7. 25
2015	548. 252 8	401. 791 3	0. 91
2016	583. 074 1	433. 123 4	7. 79
2017	621. 362 7	462. 667 2	6. 82
2018	657. 137 2	490. 319 1	5. 98

资料来源：由 2012～2019 年《中国科技统计年鉴》相关资料整理而得。

2. 企业自主创新产出概况

（1）自主创新产出质量不高。企业进行自主创新成功的判定标准主要以创新产出质量来衡量，而创新的产出质量则又主要从创新主体的专利申请（包括发明专利、实用新型专利、外观设计专利）及科技论文的数量等方面来进行衡量。2018 年，我国专利申请受理数为 414. 677 2 万件，其中，发明专利受理数为 139. 381 5 万件，实用新型专利受理数为 206. 386 万件，外观设计专利受理数为 68. 909 7 万件；同时，我国企业所申请的发明专利受理数为 89. 664 8 万件，实用新型专利受理数为 147. 609 万件，外观设计专利受理数为 37. 221 7 万件。[①] 三类申请专利的数量保持逐年增长的趋势。从图 3 - 2 中可以看出，企业在三大专利申请受理数中，实用新型专利申请量远远高于发明专利和外观设计专利申请数量，这说明企业还是更注重能直接带来实惠的发明。结合表 3 - 1 中数据可知，企业不仅对于基础性研究投入少，而且对于更具竞争力的发明专利产出也少。

图 3 - 3 是企业三大专利授权数与专利申请受理数之比，可以看出，企业的发明专利授权数与申请受理数之比远远低于实用新型和外观设计专利授权数与申请受理数之比，这意味着企业申请发明专利的数量虽然较多，但是发明专

———————————

① 数据来源：2019 年《中国科技统计年鉴》。

利申请的质量却相对较差。

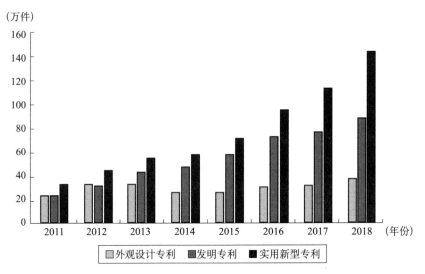

图3－2　2011～2018年全国企业三大专利申请受理数

资料来源：由2012～2019年《中国科技统计年鉴》相关资料整理而得。

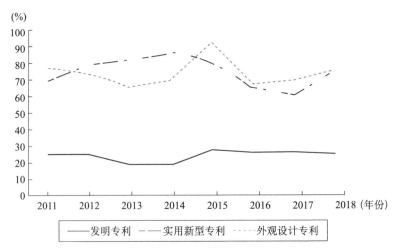

图3－3　2011～2018年全国企业三大专利授权数与申请数之比

资料来源：由2012～2019年《中国科技统计年鉴》相关资料整理而得。

在科技论文方面，2011～2017年，国内各机构科技论文主要集中发表于高等学校，其次是医疗机构，再次是研究机构，最后是企业及其他组织，企业在科技论文发表方面总体处于弱势地位（见表3－3）。

表 3－3			2011～2017 年国内各机构科技论文发表情况		单位：篇
年份	高等学校	研究机构	企业	医疗机构	其他
2011	335 907	58 160	21 164	91 793	23 063
2012	337 216	55 656	33 386	78 655	18 676
2013	247 499	60 132	25 008	160 457	22 667
2014	320 530	57 600	23 489	74 269	21 961
2015	319 447	56 705	22 058	74 878	20 442
2016	319 647	56 447	22 715	75 413	19 985
2017	311 860	57 065	22 848	62 720	17 627

资料来源：由 2013～2019 年《中国科技统计年鉴》相关资料整理而得。

（2）知识产权侵权现象普遍存在。2011～2018 年，我国专利行政执法办案数量在不断增加，从 2014 年开始，这一数量就已经超过了 2 万件，8 年间的增长速度也在不断提高（如图 3－4 所示）。在这些案件中，专利纠纷的案件就占据了 1/3，且绝大部分是专利侵权案件，这意味着假冒专利这一现象在我国还较为普遍，侵权事件的发生概率相对其他专利纠纷案件也较高。

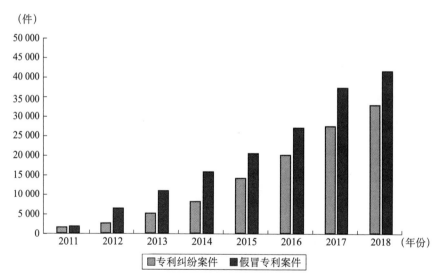

图 3－4　2011～2018 年全国专利行政执法办案数量情况

资料来源：由 2011～2018 年知识产权系统执法办案数据分析整理而得。

3. 企业自主创新行业概况

企业自主创新与其所处行业也密切相关，不同行业的企业自主创新能力有所不同,而衡量自主创新能力大小的指标相对较少,国际上通常采用 R&D 经费投入强度来衡量一国或一个地区在科技创新方面的努力程度。R&D 经费投入强度是指其经费支出占 GDP 的比重,当这一比重低于 1% 时,则表明该企业在市场中没有立足之地;当这一比重处于 5% ~ 8% 时,则表明该企业在市场中有一定的竞争地位;当这一比重大于或等于 8% 时,则表明该企业具有较强的发展潜力。2019 年,我国 R&D 经费投入强度最大的行业分别为铁路、船舶、航空航天和其他运输设备制造业,其相关比重处于 3% ~ 4%,且这一比重持续的时间较长;在医学行业,发展较好的公司 R&D 经费投入比重在 2% ~ 3%;在高端制造行业,发展较好的公司 R&D 经费投入比重在不断提高,但最高的比例还没有达到 2%;在能源行业,这一比例远远低于其他行业,至今仍未达到 1% 的水平。[①] 表 3 - 4 列出了部分行业 2019 年的研发投入强度,可见水平普遍较低,且均未达到表明该企业在市场中有一定的竞争地位的标准。

表 3 - 4　　　　　　　　　　2019 年各行业研发投入强度统计

行业	R&D 经费(亿元)	R&D 经费投入强度(%)
合计	13 971.1	1.32
采矿业	288.1	0.62
煤炭开采和洗选业	109.2	0.44
石油和天然气开采业	93.8	1.08
黑色金属矿采选业	13.4	0.39
有色金属矿采选业	21.8	0.65
非金属矿采选业	18.6	0.54
开采辅助活动	31.2	1.31
制造业	13 538.5	1.45
农副食品加工业	262.0	0.56
食品制造业	156.2	0.82
酒、饮料和精制茶制造业	107.6	0.70
烟草制品业	30.4	0.27
纺织业	265.9	1.11

---

① 数据来源:《2019 年全国科技经费投入统计公报》。

行业	R&D 经费（亿元）	R&D 经费投入强度（%）
纺织服装、服饰业	105.6	0.66
皮革、毛皮、羽毛及其制品和制鞋业	80.3	0.69
木材加工和木、竹、藤、棕、草制品业	63.2	0.74
家具制造业	73.6	1.03
造纸和纸制品业	157.7	1.18
印刷和记录媒介复制业	79.6	1.20
文教、工美、体育和娱乐用品制造业	118.2	0.92
石油加工、炼焦和核燃料加工业	184.7	0.38
化学原料和化学制品制造业	923.4	1.40
医药制造业	609.6	2.55
化学纤维制造业	123.7	1.44
橡胶和塑料制品业	357.6	1.41
非金属矿物制品业	520.1	0.97
黑色金属冶炼和压延加工业	886.3	1.25
有色金属冶炼和压延加工业	479.8	0.85
金属制品业	466.4	1.36
通用设备制造业	822.9	2.15
专用设备制造业	776.7	2.64
汽车制造业	1 289.6	1.6
铁路、船舶、航空航天和其他运输设备制造业	429.1	3.81
电气机械和器材制造业	1 406.2	2.15
计算机、通信和其他电子设备制造业	2 448.1	215
仪器仪表制造业	229.1	3.16
其他制造业	39.8	2.44
废弃资源综合利用业	28.2	0.62
金属制品、机械和设备修理业	17.1	1.28
电力、热力、燃气及水生产和供应业	144.5	0.18
电力、热力生产和供应业	113.0	0.17
燃气生产和供应业	17	0.19
水的生产和供应业	14.4	0.48

资料来源：《2019 年全国科技经费投入统计公报》。

4. 企业自主创新区域概况

从地域分布情况来看，我国 R&D 经费投入强度在各地区之间也存在较大差异。2018 年，我国 31 个省份（不含香港、澳门和台湾，下同）的 R&D 经费投入强度分别为：北京 6.17%、天津 2.62%、河北 1.39%、山西 1.05%、内蒙古 0.75%、辽宁 1.82%、吉林 0.76%、黑龙江 0.83%、上海 4.16%、江苏 2.70%、浙江 2.57%、安徽 2.16%、福建 1.80%、江西 1.41%、山东 2.15%、河南 1.40%、湖北 2.09%、湖南 1.81%、广东 2.78%、广西 0.71%、海南 0.56%、重庆 2.01%、四川 1.81%、贵州 0.82%、云南 1.05%、西藏 0.25%、陕西 2.18%、甘肃 1.18%、青海 0.60%、宁夏 1.23%、新疆 0.53%，我国 R&D 经费投入强度呈现东高西低的态势（见表 3 - 5）。从具体的省份来看，2018 年，我国 R&D 经费投入强度超过 3% 的省份为北京和上海，超过 2% 的省份有 11 个，低于 1% 的省份有 9 个，投入强度最低的西藏只有 0.25%。从 R&D 支出总额看，北京、天津、上海三个直辖市的支出总额占整个企业所有支出总额的 24%。可见，不同地区之间 R&D 支出总额差距较大。

表 3 - 5　　　　　　2018 年我国 31 省份 R&D 经费投入强度　　　　单位:%

省份	投入强度	省份	投入强度	省份	投入强度
北京	6.17	上海	4.16	湖南	1.81
天津	2.62	江苏	2.70	广东	2.78
河北	1.39	浙江	2.57	广西	0.71
山西	1.05	安徽	2.16	海南	0.56
内蒙古	0.75	福建	1.80	重庆	2.01
辽宁	1.82	江西	1.41	四川	1.81
吉林	0.76	山东	2.15	贵州	0.82
黑龙江	0.83	河南	1.40	云南	1.05
甘肃	1.18	湖北	2.09	西藏	0.25
青海	0.60	陕西	2.18	新疆	0.53
宁夏	1.23				

资料来源：根据 2019 年《中国科技统计年鉴》相关资料整理而得。

3.1.2 我国企业自主创新的问题分析

1. 研发投入受国家总体投入制约而相对不足

国际上，通常采用 R&D 投入强度这一指标来衡量企业创新的努力程度，它指的是 R&D 的投入值与 GDP 的比值。从 R&D 投入强度看，我国近几年已经获得快速发展，并且发展的速度已经逐渐超越了一些发达国家。从 R&D 投入总值的角度看，我国 R&D 的投入额已经处于世界领先水平。但是从 R&D 投入强度看，我国的比值还是处于较低水平。2019 年，我国 R&D 投入经费达到 22 143.6 亿元，比上年增长 12.5%，与当年国内生产总值的比值为 2.23%，而这一比值却远远低于发达国家的平均水平，发达国家这一比值均处于 3% ~ 4% 之间。① 因此，企业在国家研发总体投入水平较低的情况下，其研发投入水平也相对较弱。

2. 基础性研究和核心技术相对较弱

从上文所分析的我国企业自主创新现状可以知道，虽然近几年我国针对企业自主创新的投入在不断加大，但增长速度逐渐下降，尤其是基础性研究投入。《2019 年全国科技经费投入统计公报》显示，从研究活动类型看，全国基础性研究经费为 1 335.6 亿元，比上年增长 22.5%；应用性研究经费为 2 498.5 亿元，比上年增长 14.0%；试验发展经费为 18 309.5 亿元，比上年增长 11.7%。基础研究、应用研究和试验发展经费所占比重分别为 6.0%、11.3% 和 82.7%。但相对其他发达国家而言，这一比重要低得多，如美国早在 2002 年基础研究经费所占比重即达 17.95%，日本、法国、韩国等国家也均超过 10%。② 可见，想要提高企业自主创新的能力，必须加大对企业基础研发资金的投入，因为较低的基础研发投入现状使得我国在先进科学技术发明竞争中处于弱势地位。③

在我国经济社会发展的早期，大力降低企业的成本是加快企业发展速度的

---

① 数据来源：《2019 年全国科技经费投入统计公报》。

② 彭宇文，吴林海. 中外研发资金配置比较研究 [J]. 科技进步与对策，2007，7（08）：132 - 135.

③ 国家统计局. 全国企业创新调查年鉴（2017）[M]. 北京：中国统计出版社，2017.

"法宝",因此,大部分企业不会选择花费巨额资金进行新技术研发,而是选择通过模仿及借鉴等方式来实现技术的进步。随着经济全球化的快速发展,技术成为决定企业发展的关键因素,我国企业的技术发展水平与世界先进技术发展水平相差较大。以工业制造业为例,我国机器设备中许多重要元设备、汽车发动机等配件需要进口,这也是我国企业在高科技领域遇到的高产能、低收益问题的根本原因。一方面,国外企业的关键技术成为牵制我国企业发展的根源,我国企业无法进行学习甚至是模仿;另一方面,核心技术相对来说较为烦琐复杂,仅靠单方力量难于掌握。所以想在短时间内掌握核心技术是不太可能的,我们必须坚持不懈投入大量人力、物力、财力,才能突破技术难关。正是因为攻破技术难关是一个历时较长、投入较大且具有不确定性的过程,所以大部分企业甚至是一些科研单位并不愿意在核心技术领域进行投资,这也是造成我国核心技术较弱的根本原因。

3. 企业科研成果产出市场价值较低

从上文有关我国企业自主创新现状分析可以看出,随着我国经济社会发展的步伐加快,2011~2018年,我国受理的专利发明申请数在逐年递增,而且这一数据从全球范围来看遥遥领先,仅在2018年,我国专利申请数就达到了414.677 2万件,其中,发明专利受理数为139.381 5万件,企业所申请的发明专利受理数为89.664 8万件。如果仅从数量上看,我国企业自主创新的成效让人振奋,但从成果转化率看,仍处于低水平。2018年,我国科技成果转化率不足30%,远低于已达40%多的发达国家科技成果转化率水平,科技进步对经济增长的贡献率只有58.5%,仍然远低于发达国家60%~80%的水平,也就是说,这些科研成果并没有在市场上发挥它们的价值。① 相当多的科研成果终结在研发者手中,这种现象极不利于我国科学技术的发展,对完善我国经济结构、促进经济发展有害无利。国际上,通常还会采用另一个指标来衡量创新程度,也就是全要素生产率,这个指标的大小与专利的数量呈正相关,也就是说,当专利数量在不断增加时,这一指标按正常情况应该也是在不断增加。而从我国的实际情况来看,2011~2018年,专利数量飞速增长时,相对应的

---

① 数据来源:http://finance.sina.com.cn/roll/2019-03-11/doc-ihrfqzkc2881779.shtml.

创新竞争力却增长非常缓慢，这就表明我国专利申请数量与质量远远不匹配。大部分的专利发明并没有带来市场上的任何经济价值或者技术价值，量变并没有引起质变。[①]

4. 企业创新实力不足且地区、行业发展不平衡

相关资料显示，企业创新的各项指标在我国各个地区分布不均匀，具体可从成立研发机构及获得国内、国际专利这三个指标来看。整体上，我国成立自有研发机构的企业占比为 52%，我国东部地区成立自有研发机构的企业占比为 61%，中部地区企业有 53% 成立了自有研发机构，西部地区这一比重为 45%，且在这些成立自有研发机构的企业中，大中型企业的比重达 60% 以上。获得专利方面，近几年获得过国内专利的企业比重不到 60%，而获得过国际专利的企业则是少之又少。[②] 由此可见，我国东部地区企业自主创新能力处于领先地位，而中西部地区企业的自主创新能力则较弱。

从行业创新实力角度看，不同行业的创新实力差距也较大。统计数据显示，我国各行业研发投入强度差异较大，2019 年，研发投入强度最大的"铁路、船舶、航空航天和其他运输设备制造业"为 3.81%，研发投入最弱的"电力、热力生产和供应业"仅 0.17%，相差 3.64%。同时，绝大部分行业研发投入强度都在 1.5% 以下。[③]

5. 企业自主创新环境欠佳

企业的自主创新环境通常包括制度环境、文化环境、市场环境、人才环境和资金环境等。从上文关于企业自主创新现状的分析可知，2011 ~ 2018 年，我国的 R&D 支出总额呈现不断增加的趋势，这表明企业对自主创新的重视程度在不断提高，在激烈的市场竞争中，企业想要脱颖而出，必须提高自身的创新能力。为此，我国政府应当积极创造有利于企业自主创新的环境。目前，我国企业自主创新所处的环境依然欠佳，主要反映在以下方面。

一是法律环境欠佳。从我国企业的发展现状看，信息传输、铁路建筑设备等行业市场早已被龙头企业掌控，其他企业无法与其公平竞争，这些企业的新

---

① 中美专利对比：中国上升，美国首降 [N]. 第一财经日报，2017 - 02 - 15.
② 2016 中国企业家成长与发展专题调查报告 [EB/OL]. 中国企业家调查系统.
③ 数据来源：《2019 年全国科技经费投入统计公报》。

产品也无法进入相关市场，而有些企业在采用先进科学技术的过程中又会遇到不健全法律的约束，我国总体法律环境是好的，但仍需着重加强公平竞争方面的法律环境，保护创新的法律制度仍然不够完善。

二是审批制度等欠佳。审批制度的不规范、不及时使得先进技术无法被顺利采用，还有些先进科学技术即使处于世界领先水平，也被长达半年甚至一年以上的审批制度所限制，难以及时发挥它的效力，这些问题的存在无疑阻碍了企业的自主创新道路，严重打击了创新者的积极性。

三是专利保护环境欠佳。目前，给自主创新环境带来不利影响的还有知识产权侵权问题，要想激发创新者创新的热情，就必须保护好创新产品的知识产权。从上文关于企业自主创新的现状分析可知，当前知识产权侵犯已经成为一种常态事件，一旦企业的研发成果没有受到保护，对创新者是最为严重的打击。企业耗费大量人力、物力、财力进行研发，却无法取得与研发较为对等的创新收益，这势必会导致创新市场一团糟。目前，我国在保护知识产权方面存在诸多问题，如举证难、侵犯率高、赔偿标准低等，这都表明目前我国企业的自主创新环境仍然欠佳。

6. 企业自主创新的国际竞争力弱

根据欧盟委员会（EU）公布的 2019 年工业 R&D 投入排行榜，排名前 50 位的企业按国家和地区来看，美国 22 家，日本 6 家，德国 8 家，中国 2 家，中国内地的 2 家企业为华为和阿里巴巴，其研发投入强度分别为 13.9% 和 9.9%，而全球排名前 50 的企业研发投入强度最大的达 29.8%，研发投入强度超过 20% 的企业达 5 家，研发投入强度超过 15% 的达 18 家，而我国排名前 50 位企业研发投入强度最高的也只有 13.9%。此外，分区域看，2019 年，研发投入在 3 000 万欧元以上的 2 500 家企业总体研发强度为 4.0%，其中，欧盟 551 家企业的平均研发强度为 3.4%，美国 769 家企业的平均研发强度为 6.6%，日本 318 家企业的平均研发强度为 3.5%，世界其他地区的 355 家企业的平均研发强度为 2.9%，而中国 507 家企业的平均研究强度为 3.0%。[1] 这充

---

[1] Guevara H. H., Grassano N., Tuebke A., et al. The 2019 EU industrial R&D investment scoreboard [J]. JRC Working Papers, 2019.

分表明我国企业自主创新的国际竞争力普遍较弱。

3.2　现行促进企业自主创新的税收优惠政策

3.2.1　促进企业自主创新的税收优惠政策发展历程

1. 探索起步阶段

早在20世纪80年代初期，我国就已经制定了促进企业自主创新的税收优惠政策。当时，财政部就企业进行新产品开发制定了相关的税收优惠政策，针对新产品的销售也提出了减税、免税的优惠政策。20世纪80年代中后期，财政部针对企业自主创新活动制定了诸多相关税收优惠政策，如当时的《营业税条例施行细则》，其中的条款明确规定对科学研究机构取得的提供咨询、技术服务或者转让科研成果等的收入实行税收优惠政策，在一定时期内暂时免除征收营业税。1985年，进一步提出凡是源自技术成果转让的收入一律免征营业税。1988年，邓小平同志提出"科学技术是第一生产力"的重要判断，这也表明我国政府对科学技术创新是非常重视的。1991年，国家税务总局针对我国高新技术开发区制定了相关税收优惠政策。针对科学技术制定的税收优惠政策均希望通过税收优惠促进我国产业结构的调整与转型，提高我国科学技术成果的转化率，推动我国传统产业的改造升级，提高我国企业的创新竞争力。

2. 逐步成熟阶段

我国促进企业自主创新的税收优惠政策进入逐步成熟期后，经历了几个关键阶段，使我国促进企业自主创新的税收优惠政策从碎片化不断走向成熟，为促进我国企业自主创新做出了重要贡献。

第一阶段为初步成熟阶段（20世纪90年代末到2006年）。进一步完善针对企业自主创新的税收优惠政策，并不断加大力度。国家为了大力促进产业化发展，提高企业自主创新的积极性，制定了一系列的税收优惠政策，如1999年国家出台《中共中央、国务院关于加强技术创新，发展高科技，实现产业化的决定》。一年之后，财政部针对软件公司的发展又制定了相关税收优惠政策，允许其职工的培训教育费用及薪酬在计算所得税前完全扣除。

第二阶段为改革完善阶段（2006～2014 年）。我国政府相关部门总结了过去 20 多年针对企业自主创新制定的各项税收优惠政策，提出了三项重大改革。2008 年年初，《中华人民共和国企业所得税法》正式在我国颁布实施，实现了两法合并，促进企业自主创新的税收优惠政策伴随着税制改革实现了内外资企业的统一。

第三阶段为促进全面创新阶段（2015 年至今）。2015 年 10 月，国务院总理李克强主持召开国务院常务会，此次会议提出：为了提高我国各类企业自主创新的积极性，增强企业自主创新能力，支持以示范工作为典型，并逐渐推行至全国各个地区，引发全民创新的动力和活力，推动我国经济向更高层次发展。为了积极响应国家号召，财政部门同年底制定了相关试点税收优惠政策，积极推动我国企业自主创新活动，正式步入税收优惠政策促进全面创新阶段。

3.2.2　促进企业自主创新的税收优惠政策现状

2006 年，国务院出台了《实施〈国家中长期科学和技术发展规划纲要（2006—2020 年）〉的若干配套政策》，这是我国制定的针对企业自主创新的较为系统的税收优惠政策。这一系列税收优惠政策主要根据企业不同发展阶段的特点进行设计，分别针对企业创新准备阶段、科技研发阶段、技术成果转化阶段、试验阶段和产业化发展阶段等制定。因此，接下来，本书就从企业的不同发展阶段介绍促进企业自主创新的税收优惠政策现状。

1. 企业创新准备阶段的税收优惠政策

企业在进行自主创新初期都有一个准备过程，而在这个过程中，企业都需要根据消费者的需求来定位新产品的生产目标。国家从税收上对新产品给予支持，对企业进行新产品研发有很重要的影响。同时，国家税收对新产品扶持的方向取决于该产品是否属于高新技术领域产品。

从目前我国相关税收优惠政策可知，对于软件类产品销售收入及其所获得的相关安装、维护及培训收入，其所涉及的增值税享受即征即退的优惠政策，对高新技术企业生产过程中进行融资担保也提供了相关的税收优惠政策支持。

在 2016 年我国全面实行"营改增"后，税收优惠政策针对企业进行融资担保。符合相关条件的担保机构，其所实现的盈利在前三年可以免征增值税，且这些担保机构在经营期间可以按照一定的比例计提担保赔偿准备和到期责任准备，计入企业的资产减值损失，并在计算企业所得税前允许扣除。

从目前我国相关税收优惠政策中可以了解到，针对企业建立研究所进行科学技术研究，政府并没有制定相关政策提供支持，但是，政府对于高校进行科学研究制定了相关税收优惠政策。如《财政部 税务总局 科技部 教育部关于科技企业孵化器 大学科技园和众创空间税收政策的通知》第一条规定"自2019年1月1日至2021年12月31日，对国家级、省级科技企业孵化器、大学科技园和国家备案众创空间自用以及无偿或通过出租等方式提供给在孵对象使用的房产、土地，免征房产税和城镇土地使用税；对其向在孵对象提供孵化服务取得的收入，免征增值税"。

2. 企业研发环节的税收优惠政策

企业进行自主创新进入第二阶段时，也即进入研发环节，这一阶段面临的最主要问题是有关R&D的经费支出。这项支出作为研发支出是否能在税前扣除有一个最基本的前提，即其所发生的支出是否真实合理。在进行会计处理时，R&D经费支出分两种情况：一是在研发阶段所发生支出不符合资本化条件的计入当期费用，且加计扣除75%；二是符合资本化条件的支出在发生时计入资产成本，并且在使用过程中按照其入账成本的175%进行摊销。《财政部 税务总局 科技部关于提高研究开发费用税前加计扣除比例的通知》第一条规定"企业开展研发活动中实际发生的研发费用，未形成无形资产计入当期损益的，在按规定据实扣除的基础上，在2018年1月1日至2020年12月31日期间，再按照实际发生额的75%在税前加计扣除"。

另外，针对技术研发，在企业签订的相关技术类合同中发生的费用不需全部计入征收印花税的范围，仅需要针对合同中所记载的薪酬来计征印花税。在"营改增"之前，经营主体从事技术转让、技术开发业务和与之相关的技术咨询、技术服务业务取得的收入免征营业税，如《财政部 国家税务总局关于科技企业孵化器税收政策的通知》第一条规定"科技企业孵化器收入免征营业税"，《财政部 税务总局 科技部 教育部关于科技企业孵化器 大学科技园和众创空间税收政策的通知》第一条规定"对其向在孵对象提供孵化服务取得的收入，免征增值税"。

我国现行针对科研机构及企业创新人才的税收优惠政策见表 3－6。这些政策包括科研机构、高等学校股权奖励延期缴纳个人所得税，高新技术企业技术人员股权奖励分期缴纳个人所得税，中小高新技术企业个人股东分期缴纳个人所得税，获得非上市公司股票期权、股权期权、限制性股票和股权奖励递延缴纳个人所得税，获得上市公司股票期权、限制性股票和股权奖励适当延长纳税期限，企业以及个人以技术成果投资入股递延缴纳所得税等。

表 3－6　　　　科研机构和企业创新人才税收优惠政策

优惠政策	享受主体	优惠内容	政策依据
科研机构、高等学校股权奖励延期缴纳个人所得税	获得科研机构、高等学校转化职务科技成果以股份或出资比例等股权形式给予奖励的个人	自 1999 年 7 月 1 日起，科研机构、高等学校转化职务科技成果以股份或出资比例等股权形式给予个人奖励，获奖人在取得股份、出资比例时，暂不缴纳个人所得税；取得按股份、出资比例分红或转让股权、出资比例所得时，应依法缴纳个人所得税	《财政部 国家税务总局关于促进科技成果转化有关税收政策的通知》《国家税务总局关于促进科技成果转化有关个人所得税问题的通知》
高新技术企业技术人员股权奖励分期缴纳个人所得税	高新技术企业的技术人员	高新技术企业转化科技成果，给予本企业相关技术人员的股权奖励，个人一次缴纳税款有困难的，可根据实际情况自行制定分期缴税计划，在不超过 5 个公历年度内（含）分期缴纳	《财政部 国家税务总局关于将国家自主创新示范区有关税收试点政策推广到全国范围实施的通知》《国家税务总局关于股权奖励和转增股本个人所得税征管问题的公告》
中小高新技术企业个人股东分期缴纳个人所得税	中小高新技术企业的个人股东	中小高新技术企业以未分配利润、盈余公积、资本公积向个人股东转增股本时，个人股东一次缴纳个人所得税确有困难的，可根据实际情况自行制定分期缴税计划，在不超过5个公历年度内（含）分期缴纳	《财政部 国家税务总局关于将国家自主创新示范区有关税收试点政策推广到全国范围实施的通知》《国家税务总局关于股权奖励和转增股本个人所得税征管问题的公告》
获得非上市公司股票期权、股权期权、限制性股票和股权奖励递延缴纳个人所得税	获得符合条件的非上市公司的股票期权、股权期权、限制性股票和股权奖励的员工	实行递延纳税政策，即员工在取得股权激励时可暂不纳税，递延至转让该股权时纳税；股权转让时，按照股权转让收入减除股权取得成本以及合理税费后的差额，适用"财产转让所得"项目，按照20%的税率计算缴纳个人所得税	《财政部 国家税务总局关于完善股权激励和技术入股有关所得税政策的通知》《国家税务总局关于股权激励和技术入股所得税征管问题的公告》

续表

优惠政策	享受主体	优惠内容	政策依据
获得上市公司股票期权、限制性股票和股权奖励适当延长纳税期限	获得上市公司授予股票期权、限制性股票和股权奖励的个人	可自股票期权行权、限制性股票解禁或取得股权奖励之日起，在不超过 12 个月的期限内缴纳个人所得税	《财政部 国家税务总局关于完善股权激励和技术入股有关所得税政策的通知》《国家税务总局关于股权激励和技术入股所得税征管问题的公告》
企业以及个人以技术成果投资入股递延缴纳所得税	以技术成果投资入股的企业或个人	投资入股当期可暂不纳税，允许递延至转让股权时，按股权转让收入减去技术成果原值和合理税费后的差额计算缴纳所得税	《财政部 国家税务总局关于完善股权激励和技术入股有关所得税政策的通知》《财政部关于个人所得税法修改后有关优惠政策衔接问题的通知》

资料来源：http://www.gov.cn/fuwu/chaxun/tax_incentives/scssyhzccx.html.

3. 鼓励科研成果转化的税收优惠政策

鼓励科研成果转化的税收优惠政策主要有以下方面：一是增值税方面，全面"营改增"以来，对高新技术产业中涉及的相关技术转让收入、服务咨询收入等，我国实行的是免征增值税政策，同时，这一规定也适用于个人在这方面的收入。但是，这一政策并不是对所有类型的技术都是适用的，我国只对自然科学领域的技术免征增值税。同时，对企业以无形资产作为资本进行投资且与被投资方共担风险，被投资方给予投资方的分红并不作为企业需要缴纳增值税的收入，也就是政策上对于这类分红免征增值税。二是所得税方面，在税法规定的收入区间内，企业所获得的技术转让收入可以享受减免的优惠政策。税法将这一区间界定为 500 万元，当企业本年内技术转让收入小于等于 500 万元，将免交企业所得税；当本年的技术转让收入大于 500 万元，企业享受所获收入减半征收所得税的优惠政策。同时，对于将科学研究成果转化为产品所获得收入的企业，也可以享受相关的税收优惠政策。具体税收优惠条款见表 3-7。

表 3-7　　　　　鼓励科研成果转化的税收优惠政策

政策名称	优惠条款	减免项目名称
《财政部 国家税务总局关于将铁路运输和邮政业纳入营业税改征增值税试点的通知》	第一条第（四）款	技术转让、技术开发免征增值税

政策名称	优惠条款	减免项目名称
《财政部 国家税务总局关于全面推开营业税改征增值税试点的通知》	附件 3 第一条第（二十六）款	技术转让、技术开发免征增值税
《中华人民共和国企业所得税法》中华人民共和国主席令第 63 号	第二十七条第四款	符合条件的技术转让所得减免征收企业所得税
《财政部 国家税务总局关于中关村国家自主创新示范区技术转让企业所得税试点政策的通知》	全部条款	中关村国家自主创新示范区内企业符合条件的技术转让所得减免征收企业所得税
《财政部 国家税务总局关于将国家自主创新示范区有关税收试点政策推广到全国范围实施的通知》	第一条	有限合伙制创业投资企业法人合伙人按投资额的一定比例抵扣应纳税所得额
《关于科技人员取得职务科技成果转化现金奖励有关个人所得税政策的通知》	全部条款	从职务科技成果转化收入中给予科技人员的现金奖励，可减按 50% 计入科技人员当月"工资、薪金所得"，依法缴纳个人所得税

4. 产品试验阶段税收优惠政策

企业产品试验阶段是其发展历程中的第四阶段，也即进入产品正式投放市场的阶段。通常，新产品在刚投放市场时企业并不会进行大规模生产，一般企业在大量投放市场前都会选择部分市场进行试售，这也是企业将新产品转化为商品的最后一个阶段。在这期间，企业的相关设备会产生较高的闲置成本，甚至有可能会面临较大的市场危机。当技术更新发展较快，且市场需求变化也很迅速时，产品更新速度就需要跟上，则相关设备就需要被更新、替换，这无疑需要企业加快相关固定资产的折旧速度，减少相关资产的使用年限。基于此，我国当前采用两种会计处理方法对固定资产进行加速折旧处理：一是双倍余额递减法；二是年数总和法。企业可以根据自身的实际情况进行选择，在两种会计处理方法下，可以通过加速折旧，使企业前期的生产成本摊销更多，从而减轻企业的税收负担，也即对企业进行税收优惠，进而减轻企业产品试验阶段的资金压力。

一是固定资产加速折旧或一次性扣除的相关税收优惠。如《财政部 税务总局关于设备、器具扣除有关企业所得税政策的通知》规定"企业在 2018 年

1 月 1 日至 2020 年 12 月 31 日期间新购进的设备、器具，单位价值不超过 500
万元的，允许一次性计入当期成本费用在计算应纳税所得额时扣除，不再分年
度计算折旧；单位价值超过 500 万元的，仍按《企业所得税法实施条例》《财
政部 国家税务总局关于完善固定资产加速折旧企业所得税政策的通知》《财政
部 国家税务总局关于进一步完善固定资产加速折旧企业所得税政策的通知》
等相关规定执行"。

二是重点行业固定资产加速折旧的相关税收优惠。如《财政部 国家税务
总局关于完善固定资产加速折旧企业所得税政策的通知》《国家税务总局关于
固定资产加速折旧税收政策有关问题的公告》《财政部 国家税务总局关于进一
步完善固定资产加速折旧企业所得税政策的通知》《国家税务总局关于进一步
完善固定资产加速折旧企业所得税政策有关问题的公告》等规定"生物药品
制造业，专用设备制造业，铁路、船舶、航空航天和其他运输设备制造业，计
算机、通信和其他电子设备制造业，仪器仪表制造业，信息传输、软件和信息
技术服务业六个行业的企业 2014 年 1 月 1 日后新购进的固定资产，可缩短折
旧年限或采取加速折旧的方法。轻工、纺织、机械、汽车四个领域重点行业的
企业 2015 年 1 月 1 日后新购进的固定资产，可由企业选择缩短折旧年限或采
取加速折旧的方法。缩短折旧年限的，最低折旧年限不得低于企业所得税法实
施条例第六十条规定折旧年限的 60%；采取加速折旧方法的，可采取双倍余
额递减法或者年数总和法"。

《财政部 税务总局关于扩大固定资产加速折旧优惠政策适用范围的公告》
规定"自 2019 年 1 月 1 日起，适用〈财政部 国家税务总局关于完善固定资产
加速折旧企业所得税政策的通知〉和〈财政部 国家税务总局关于进一步完善
固定资产加速折旧企业所得税政策的通知〉规定固定资产加速折旧优惠的行
业范围，扩大至全部制造业领域"。

三是企业外购的软件缩短折旧或摊销年限的相关税收优惠。如《财政部
国家税务总局关于进一步鼓励软件产业和集成电路产业发展企业所得税政策的
通知》规定"企业外购的软件，凡符合固定资产或无形资产确认条件的，可
以按照固定资产或无形资产进行核算，其折旧或摊销年限可以适当缩短，最短
可为 2 年（含）"。

5. 产业化阶段税收优惠政策

产业化阶段的税收优惠政策也即企业成熟期的相关税收优惠政策，我国现行针对企业产业化阶段的税收优惠政策与企业所处的行业高度相关，具有较强的行业特征。

一是针对高新技术企业产业化阶段的税收优惠政策。主要有《中华人民共和国企业所得税法》《中华人民共和国企业所得税法实施条例》《财政部 国家税务总局关于高新技术企业境外所得适用税率及税收抵免问题的通知》《科技部 财政部 国家税务总局关于修订印发〈高新技术企业认定管理办法〉的通知》《科技部 财政部 国家税务总局关于修订印发〈高新技术企业认定管理工作指引〉的通知》等文件规定"国家重点扶持的高新技术企业减按15%的税率征收企业所得税"。《财政部 国家税务总局 商务部 科技部 国家发展改革委关于完善技术先进型服务企业有关企业所得税政策问题的通知》《财政部、国家税务总局、商务部、科学技术部、国家发展和改革委员会关于新增中国服务外包示范城市适用技术先进型服务企业所得税政策的通知》《财政部 国家税务总局 商务部 科技部 国家发展改革委关于在服务贸易创新发展试点地区推广技术先进型服务企业所得税优惠政策的通知》等文件规定"认定的技术先进型服务企业，减按15%的税率征收企业所得税"。

二是针对软件企业的税收优惠政策。主要有《财政部 国家税务总局关于软件产品增值税政策的通知》规定"自2011年1月1日起，对符合享受条件的一般纳税人按17%税率征收增值税后，对其增值税实际税负超过3%的部分实行即征即退政策"。《财政部 国家税务总局关于进一步鼓励软件产业和集成电路产业发展企业所得税政策的通知》《工业和信息化部 国家发展和改革委员会 财政部 国家税务总局关于印发〈软件企业认定管理办法〉的通知》《财政部 国家税务总局 发展改革委 工业和信息化部关于软件和集成电路产业企业所得税优惠政策有关问题的通知》《国家发展和改革委员会关于印发国家规划布局内重点软件和集成电路设计领域的通知》等文件规定"国家规划布局内的重点软件企业，如当年未享受免税优惠的，可减按10%的税率征收企业所得税"。

三是针对动漫企业的税收优惠政策。主要有《财政部 国家税务总局关于动漫产业增值税和营业税政策的通知》《文化部、财政部、国家税务总局关于印发〈动漫企业认定管理办法（试行）〉的通知》等文件规定"自 2013 年 1 月 1 日至 2017 年 12 月 31 日，对属于增值税一般纳税人的动漫企业销售其自主开发生产的动漫软件，按 17% 的税率征收增值税后，对其增值税实际税负超过 3% 的部分，实行即征即退政策"。

四是针对集成电路企业的税收优惠政策。主要有《财政部 国家税务总局关于进一步鼓励软件产业和集成电路产业发展企业所得税政策的通知》《财政部 国家税务总局 发展改革委 工业和信息化部关于软件和集成电路产业企业所得税优惠政策有关问题的通知》等文件规定"集成电路线宽小于 0.25 微米的集成电路生产企业减按 15% 的税率征收企业所得税"。《财政部 国家税务总局 发展改革委 工业和信息化部关于进一步鼓励集成电路产业发展企业所得税政策的通知》规定"符合条件的集成电路封装、测试企业在 2017 年（含 2017 年）前实现获利的，自获利年度起，第一年至第二年免征企业所得税，第三年至第五年按照 25% 的法定税率减半征收企业所得税，并享受至期满为止。2017 年前未实现获利的，自 2017 年起计算优惠期，享受至期满为止"。《国家发展和改革委员会关于印发国家规划布局内重点软件和集成电路设计领域的通知》规定"国家规划布局内的集成电路设计企业，如当年未享受免税优惠的，可减按 10% 的税率征收企业所得税"。《关于集成电路生产企业有关企业所得税政策问题的通知》规定"按照〈财政部 国家税务总局 发展改革委 工业和信息化部关于软件和集成电路产业企业所得税优惠政策有关问题的通知〉第二条执行；财税〔2016〕49 号文件第二条第（二）项中'具有劳动合同关系'调整为'具有劳动合同关系或劳务派遣、聘用关系'，第（三）项中汇算清缴年度研究开发费用总额占企业销售（营业）收入总额（主营业务收入与其他业务收入之和）的比例由'不低于 5%'调整为'不低于 2%'，同时企业应持续加强研发活动，不断提高研发能力"。

五是针对研制大型客机、大型客机发动机项目、生产销售新支线飞机和先进制造业增值税期末留抵退税的税收优惠政策。主要有《财政部 国家税务总局关于大型客机和新支线飞机增值税政策的通知》规定"自 2015 年 1 月 1 日至 2018 年 12 月 31 日，对纳税人从事大型客机、大型客机发动机研制项目而形成的增值税期末留抵税额予以退还。自 2015 年 1 月 1 日至 2018 年 12 月 31

日，对纳税人生产销售新支线飞机暂减按5%征收增值税，并对其因生产销售新支线飞机而形成的增值税期末留抵税额予以退还"。《关于明确部分先进制造业增值税期末留抵退税政策的公告》规定"自2019年6月1日起，同时符合增量留抵税额大于零，纳税信用等级为A级或者B级，申请退税前36个月未发生骗取留抵退税、出口退税或虚开增值税专用发票情形，申请退税前36个月未因偷税被税务机关处罚两次及以上，自2019年4月1日起未享受即征即退、先征后返（退）政策等五个条件的部分先进制造业纳税人，可以自2019年7月及以后纳税申报期向主管税务机关申请退还增量留抵税额"。此外，部分先进制造业纳税人申请退还增量留抵税额的其他规定，按照《财政部 税务总局 海关总署关于深化增值税改革有关政策的公告》执行。

第 4 章

促进企业自主创新税收优惠
政策存在的问题

根据现有关于税收优惠政策促进企业自主创新效应的实证检验研究成果，以及世界部分国家实施的促进企业自主创新的税收优惠政策，纵观我国促进企业自主创新的税收优惠政策现状，可发现我国企业自主创新存在的诸多问题。我国促进企业自主创新的税收优惠政策缺乏更完善的内容、更科学的优惠方式以及更严密的政策管理。

4.1 促进企业自主创新的税收优惠
政策内容不够完善

4.1.1 企业自主创新税收优惠政策不够系统全面

1. 企业创新产出阶段优惠政策不完备

根据企业创新行为的不同阶段，促进企业自主创新的税收优惠政策分为企业研发投入阶段的税收优惠政策和企业研发产出阶段的税收优惠政策，如图 4 - 1 所示。现阶段，我国促进企业自主创新的税收优惠政策主要是创新投入阶段的税收优惠政策，如研发支出加计扣除政策、优惠税率政策。但创新产出转化税收优惠政策制定起步较晚，直到 2008 年在《企业所得税法》第二十七条、《企业所得税法实施条例》第九十条中才作相应规定，所以它的系统性仍不够突出。

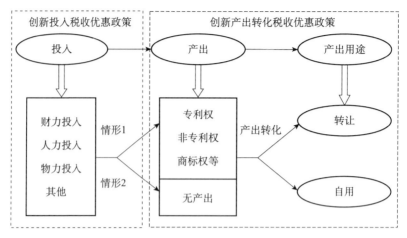

图 4-1　企业创新行为阶段及其优惠政策

从我国目前的税收政策内容看，针对企业自主创新的税收优惠政策内容并不全面。大部分企业自主创新的税收优惠政策是在现行的税收政策上进行修订，所以现行税收优惠政策比较分散，体系不够健全。我国目前针对企业的税收优惠政策主要体现在 R&D 经费支出、相关设备的更新改造、新产品新技术的研究与开发等方面。而这些方面主要针对的是企业自主创新的前期阶段，对企业在自主创新前期阶段有较大的扶持作用，但是对企业创新的后期阶段并没有十分有效的扶持措施。这必然会造成企业自主创新的整个过程前后扶持政策不衔接，导致部分企业新研发成果并不能很好转化为好的产品，并得到市场青睐，同时，也不利于显示促进企业自主创新税收优惠政策的效应。

2. 企业创新人才集聚优惠政策不充分

企业在进行自主创新的过程中，人才是最为重要的创新因素，也是最为关键的因素，人才的培养和集聚是创新的基础。然而，目前我国制定的税收优惠政策中针对人才培养和集聚的激励措施寥寥无几，尤其是对高科技人才的激励政策基本处于空白状态。企业的发展乃至国家的强大要归于人才及技术的优越，只有不断地促进技术的进步、大量地培养集聚创新人才，才能提高企业和国家的综合实力。从目前我国企业自主创新的发展现状可以看出，优秀人才的缺失是制约我国企业自主创新发展的最主要因素，但当前我国的税收优惠政策对培养和集聚优秀创新人才并没有提供良好的激励。例如，个人所得税优惠政策，虽然国家针对个人在获得国际组织和省级及以上人民政府所颁发的环保、卫生、技术、体育、文化、科学方面的奖金，以及按国家规定所下发的特殊政府津贴实施免税优惠政策，但是针对企业颁发给个人的科技进步以及重大成就等奖项不实施免税政策。对于个人所得税，我国实行的是超额累进税率，虽然个人所得税经历多次改革和调整，但现行的个人所得税仍然需要进一步完善，从总体税负上看，现行税制对个人劳动所得征税比资本所得征税的比重要大，致使其对创新人才培养和集聚的激励针对性不强。

我国现行针对科研机构及企业创新人才的税收优惠政策如下：一是从我国整体税收体制看，现行的五大类税（流转税类、所得税类、资源税类、财产税类及行为目的税类）和十八个税种（增值税、消费税、企业所得税、资源税等税种）中，针对企业创新人才培养和集聚的条款非常少，尤其是指向创新人才培养和集聚的税收优惠条款基本没有。二是从与激励创新人才培养和集聚密切相关的税种来看，如个人所得税、企业所得税等，直接针对创新人才培养和集聚的条款也没有，有的条款虽然对股权转让收入，或转增股本允许延期纳税，但没有直接针对发明创造等活动进行税收优惠，可见其针对性不够强。

4.1.2　企业自主创新税收优惠政策不够深入细致

通过第 3 章关于企业自主创新现状及问题的分析和第 4 章关于税收优惠政策促进企业自主创新效应分析，可以发现，我国促进企业自主创新的税收优惠政策不够深入细致。

不够深入主要体现为优惠强度还不够大。我国税基型税收优惠政策采用的主要手段——研发费用加计扣除的最新规定为《关于提高研究开发费用税前加计扣除比例的通知》，明确在 2018 年 1 月 1 日至 2020 年 12 月 31 日期间，我国研发支出加计扣除的比例为 75%，形成无形资产的，在上述期间按照无形资产成本的 175% 在税前摊销。这个加计扣除比例相对偏低，国际上，不少国家的最高加计扣除比例可达 100%，甚至 200%。此外，税率型税收优惠政策目前主要是对高新技术企业减按 15% 税率征税，相对我国企业基本所得税税率 25%，其优惠程度仍然较低。因此，就会出现实证检验结果显示我国促进企业自主创新的税收优惠政策对促进企业自主创新有效果，但效果不是很明显的状况。

不够细致主要体现为对优惠对象和优惠额度等没有细分。如研发费用加计扣除比例，不区分企业规模、企业所属行业、企业所有制、企业发展阶段，都一并加计扣除 75%。对高新技术企业的税率优惠也是不论企业规模，不论企业所属行业，不论企业发展阶段，都统一减按 15% 的税率征税，从而使税收优惠不够精细，最终影响政策促进企业自主创新的效应。

4.1.3　企业自主创新税收优惠政策不够清晰明确

随着社会经济的发展，企业的自主创新和科学技术水平，已经成为影响提高企业发展、增强国家实力的重要因素，所以政策引导激励企业自主创新也成为当下最为紧迫的事情之一。然而，从目前我国制定的促进企业自主创新的税收优惠政策体系看，其政策的导向性仍然不够明确，现行促进企业自主创新的税收优惠政策对企业自主创新的引导和激励还不够直接。

现行我国税收优惠政策对企业自主创新的激励总体上不够清晰明确，甚至与税收优惠政策支持自主创新目标相悖。当前，我国促进企业自主创新的税收优惠政策存在行业限制，甚至存在企业所属地区、企业发展阶段的限制，这样就会出现第 4 章实证检验的结果，同样是税率型税收优惠政策或者税基型税收优惠政策，但其对不同地区企业、不同行业企业和不同发展阶段企业的创新激励效果差别很大。这就导致促进企业自主创新的税收优惠政策成为行业优惠政策、地区优惠政策，或者企业发展阶段的优惠政策，最终致使其促进企业自主创新的政策目标导向不明确。

4.2　促进企业自主创新的税收优惠方式不够科学

企业自主创新成为当下大众热议的话题，创新发展理念也是我国新时期五大发展理念的重中之重。企业自主创新能力越强对企业的发展越有利，企业自主创新也成为国家重点支持的对象，国家在税收政策方面也给予企业自主创新较大的优惠。当前，我国政府所制定的针对企业自主创新的税收优惠政策主要是从税收征收比例上考虑，如针对高新技术企业按照 15% 的税率征收企业所得税，比一般企业的所得税税率低 10% 。同时，在费用扣除方面，相关税收政策规定研发费用的加计扣除优惠，而针对其技术转让的相关所得实行免税优惠措施。这些措施对企业的自主创新有较大的促进作用，在一定程度上能够推动企业的自主创新进程。但是，事物往往具有两面性，在推动企业自主创新的过程中也有可能存在问题，下面主要从两个方面分析我国现行税收优惠政策在优惠方式上存在的不利于企业自主创新发展的问题。

4.2.1　促进企业自主创新的税收优惠方式较为单一

我国目前的税收优惠政策从其实现方式来看是比较单一的，也就是说，税收的优惠是直接给予的，基本没有间接的引导性。虽然，目前的直接优惠政策在实际中能较好运行，对企业与政府双方来讲都是有利的，但是从时间上看，这种优惠的可持续性较差，对企业自主创新的持续扶持能力较弱。且政府所制定的政策中给予所得税 15% 的低税率，仅仅是针对实施自主创新的高新技术企业创新，对于其他企业，尤其是新注册的企业基本没有优惠，这种方式并不能很好地发挥政府的税收激励作用。所以应该以企业是否发生实质性的研发活动为标准而给予企业创新税收优惠。

同时，从我国现行促进企业自主创新的税收优惠政策类型来看，主要集中在税基型税收优惠的研发费用加计扣除方式和税率型税收优惠政策的减按低税率征税方式，而被许多国家实践证明效应较好的税额型的税收抵免税收优惠方式和递延型的加速折旧税收优惠方式基本没有使用。这使我国促进企业自主创新的税收优惠政策缺乏多样性和多元性，不利于全方位支持企业自主创新。

4.2.2　促进企业自主创新的税收优惠方式针对性不强

我国目前的税收优惠方式的针对性并不强，虽然提供了相关的优惠政策，但是这些政策总体上是针对企业本身，并没有明确地针对企业中所涉及的具体项目。这种优惠方式的实施很可能会带来一系列的问题，如造成税收优惠政策泛滥等，使真正该享受税收优惠的技术研发项目并没有享受到，导致企业更关心高新技术企业名号的认定，而不太关心高新技术本身。

另外，针对高新技术企业减按 15% 税率征税优惠和研发费用加计扣除优惠本身的针对性也不强。如高新技术企业从产品开始研发到最后投入市场要经历较长的时间，尤其是研发初期，企业很可能因研发投入过大而产生亏损，所以相关规定要求从投产开始两年内进行税收优惠意义不大。研发费用加计扣除优惠相当于财政拨款政策当中的以奖代补政策，相当于事后支持，对一些基础较好、成立时间较长、自有资金较雄厚的企业适用，但对一些新注册的中小型创新企业不太适用，因为这些中小型创新企业往往资金紧张，更需要事先支持，这样才更有针对性。

4.3　促进企业自主创新税收优惠政策的管理不够严密

4.3.1　企业自主创新税收优惠政策制定管理不够严密

从当前我国企业自主创新发展现状看，政府在企业自主创新税收优惠政策制定管理过程中并没有很好地发挥其应有的作用，职能缺失与干预过度，成为影响企业自主创新税收优惠政策制定的重要因素。政府过度干预通常表现在企业自主创新税收优惠政策制定过程中，政府利用其职能权限过度干预进而导致税收优惠政策机制被打乱，正常的企业运营体系也被破坏。政府职能缺失主要体现在对于企业自主创新税收优惠政策制定中政府并没有充分发挥其应有职能，给予企业精准的税收优惠政策支持，对于制定企业自主创新税收优惠政策的支持力度远远不够，缺乏对制定企业自主创新税收优惠政策的整体规划。同时，税收优惠政策的认定标准、税收优惠的申报标准和程序等分属不同部门制定，从而导致各部门各套程序的制定脱节，不利于税收优惠政策效果的实现。

4.3.2　企业自主创新税收优惠政策部门协调管理不够严密

从目前我国政府机构的内部协调体系看，存在较多的问题，内部协调体系不健全对企业自主创新税收优惠政策作用的发挥是极为不利的，甚至在一定程度上会严重打击企业自主创新的积极性。近几年，我国政府管理机制下的部门间相互合作体系有所改善，政府越是重视这种体系的建设，越表明其在相关活动行为中发挥着重要的作用。在决策机制这一层面，政府各个部门之间及部门内部之间如不能有效协作，必然对企业乃至国家的整体发展建设造成危害。

政府部门手中握有相关决策权，如税收优惠政策制定决策权，这一权利的掌控应与其职责相符，要有相对应的制约措施平衡其相关的决策权。在组织重大科研项目方面，针对科学研究的政策与消费政策、投资政策等没有很好地衔接，甚至时而产生矛盾，这对于企业自主创新也是极为不利的。目前，我国在激励企业自主创新税收优惠政策管理上的一大不足表现为政策制定部门的分散。如我国针对软件行业所制定的相关税收优惠政策，涉及的制定主管部门有国家税务总局、工业和信息化部、国家版权局等，部门的分散也就意味着权利的分散，部门之间相互协作的难度就大大提高，针对企业自主创新的税收优惠政策也会因为各个部门目标不同而制约其效用，政策的优惠不能有效地落实到企业身上。

4.3.3 企业自主创新税收优惠政策区域协调管理不够严密

税收优惠政策的区域协调管理也存在较多问题，由于现行税收优惠政策中较大部分政策属于区域税收优惠，同时，中央政府在制定税收优惠政策方面给予各地较大的自主权，因此，出现各地竞相出台各种优惠政策、土政策、变通政策等，甚至暗自竞争，最终导致各地滥用税收优惠政策，滋生恶性竞争，这很大程度上是因为税收优惠政策的区域协调管理不严密。

从整体上来看，有些税收优惠政策制定得不太严谨，致使企业在应用过程中会遇到很多问题，因此也就大大地降低了相关税收优惠政策的效力。从政策体系角度来看，我国全国人民代表大会、国务院及相关部门、地方人大及政府都有制定相关政策的权力，也就意味着各个地区在制定相关政策时会考虑当地经济发展的需要，结合当地实际提出更多的限定性措施，这在一定程度上也削弱了国家税收优惠政策的效力，企业在进行自主创新的过程中也会受到这些因素的影响，甚至相关政策会成为某些纳税人逃税漏税的工具。不仅如此，税收优惠政策缺乏系统性或全国统一性，更会导致各地产生税收优惠的不良竞争，甚至恶性竞争。

4.4 促进企业参与协同创新的税收优惠政策匮乏

　　企业参与协同创新是企业在有限资源背景下自主创新的重要方式，是企业链接全社会创新资源、提升自主创新能力、最大化创新产出的重要途径。知识经济时代的到来，促使创新从创客模式转化为众创模式，从独自创新转化为协同创新。因此，相关支持政策也应顺应时代变化进行调整完善，紧跟时代步伐，不断创新。而当前，我国促进创新的税收优惠政策仍然多数适用于独自创新、分散创新时代，对于协同创新的激励基本未现。目前的税收优惠政策仍更多为支持企业单打独斗，致使各类创新主体（包括企业、政府、知识生产机构和中介机构等）各自为阵，最终导致一方面创新资源无法有效整合利用，重复建设现象突出，另一方面创新产出薄弱、质量不佳，整体创新实力不强等的问题凸显。

第 5 章

税收优惠政策促进企业自主创新的实证检验

从税收优惠政策促进企业自主创新的理论依据，到税收优惠政策促进企业自主创新的传导机制，再到税收优惠政策促进企业自主创新效应的理论模型推导，到最后世界各国都竞相采用税收制度制定和税收政策设计，尤其是制定税收优惠政策以促进本国创新特别是企业自主创新事业发展，以使本国企业更具有世界话语权，更具有世界市场。由此可见，税收优惠政策无论从理论上还是实践上，都被认为能有效促进企业自主创新乃至国家创新。然而，税收优惠政策实践效果如何，税收优惠政策有没有促进企业自主创新，税收优惠与财政补贴促进企业自主创新效果有没有差异，不同类型的税收优惠即税率型税收优惠和税基型税收优惠政策促进企业自主创新的效果有没有差异，都需要采用有效的方法及相关经验数据进行科学验证。为此，本章将采用计量经济方法对税收优惠政策促进企业自主创新的总体效果，不同类型政策促进企业自主创新的效果，以及不同政策促进所属不同行业、不同所有权性质、不同发展阶段以及不同地区上市公司自主创新的效果进行实证检验。

5.1　研究设计

5.1.1　研究假说、变量选择与模型构建

1. 研究假说

根据经济学家罗默、卢卡斯等提出的内生增长理论，科学技术创新是国家

经济增长、发展的内生动力与源泉，对促进国家经济社会发展意义重大，经济社会的每一次重大发展、跨越都离不开科技创新的推动，可见科技创新的重要性。同时，相关资料显示，在推动科技创新的各类主体中，各级各类企业是推动创新的主要力量。而根据税收优惠政策促进企业自主创新的理论依据梳理及现实实践，科技创新具有公共产品或准公共产品性质和巨大的外部效益及风险性，这导致在充分完善的市场竞争环境下企业的创新收益（成本）水平可能远低（高）于社会最优水平，从而增加企业的技术创新成本，减少企业技术创新的收益，严重挫伤企业实施自主创新的积极性。基于此，世界许多国家，尤其是创新型国家都采用公共政策支持鼓励企业自主创新行为，尽可能使企业自主创新的外部效益内在化，降低企业实施自主创新的风险，最大限度激发企业实施自主创新的积极性。

自各类公共政策被各国用于支持企业自主创新以来，对其支持促进企业自主创新的效果评估，即对这些公共政策的实施效果评估就随之而来，国内外学者进行了不少研究，在本书第1章的国内外研究综述部分进行了论述。综述的基本结论是，对于公共政策尤其是税收优惠和财政补贴政策促进企业自主创新的效果至今没有完全统一的结论，有"促进论"，也有"抑制论"。"促进论"通过众多实证分析及检验，认为各种税收优惠（包括总体税收优惠，税率型、税基型税收优惠）及财政补贴等政策的确促进了企业的自主创新，而且效果非常明显。"抑制论"通过许多实证分析及经验检验，认为税收优惠（包括总体税收优惠，税率型、税基型税收优惠）及财政补贴等公共政策的实施不仅没有促进企业自主创新，反而抑制了企业自主创新。事实究竟如何，税收优惠及财政补贴等公共政策到底是促进了企业自主创新，还是抑制了企业自主创新，抑或是除此之外就这些公共政策本身而言还有其他深层次因素在影响着其对自主创新发生作用的方向，以及这些公共政策以外的影响因素在影响着其发生作用的方向。为通过经验数据实证检验最终确定这些事实，对要进行的经验数据实证检验先做如下假说 H_n（$n = 1 \sim 7$）。

（1）税收优惠政策对企业自主创新的促进激励的总体作用。按最终实现税收优惠具体途径的不同，可将税收优惠政策分为税基型税收优惠政策、税额型税收优惠政策和税率型税收优惠政策。无论哪种税收优惠政策，最终都会减少企业的纳税负担，也即降低企业的成本，增加企业的利润。企业利润增加之后会有多种使用途径，其中之一就是增加企业的研发投入，同时创造较多研发产出，使企业更具有竞争力。税收优惠政策对企业自主创新促进激励的总体作用即将不同类型税收优惠政策给企业带来的激励作用加总，最终衡量其总体作用。基于此，提出假说 1（H_1）。

假说 1（H_1）：税收优惠政策总体上对企业自主创新投入或产出具有积极的正向影响作用，即税收优惠强度越大，企业自主创新投入或产出就越大。

（2）税收优惠政策和财政补贴政策对企业自主创新的促进激励作用不同。按照减轻或免除税收负担的具体方式不同，税收优惠政策可分为税基式优惠、税额式优惠、税率式优惠和递延式优惠四种形式。税基式优惠是指通过直接缩小计税依据的方式来实现减税或免税，具体包括实行起征点、免征额、费用扣除、调整起征点或免征额盈亏互抵等方式。税率式优惠是指对特定的纳税人或特定的经济行为，通过直接降低征税率的方式来实现免除税收或者减轻其税收负担，具体又包括减按低税率征税和实行零税率。税额式优惠是指通过直接减少应纳税额的方式实现减轻或者免除纳税人的税收负担，具体包括优惠退税、税收抵免和减免税等形式。递延式优惠又称延期纳税，是指税法规定准许纳税人推迟缴纳税款的时间或者分期缴纳税款，从而减轻其当期税收负担，减少了纳税人税款的资金占用，相当于获得了一笔金额为递延缴纳税款额度的无息贷款，具体包括加速折旧、分期纳税等形式。[①] 税收优惠政策促进企业自主创新的作用如假设 1 所述。

财政补贴政策指各级政府和部门使用财政性资金对各级各类企业符合相关规定的自主创新活动进行拨款设立项目、创新基金扶持、税收返还、政府奖励、退税、政府采购及其他专项基金支持等财政支出活动，来激励企业自主创新。财政补贴政策激励企业自主创新的做法，也是各国尤其是发展中国家的普遍做法。一方面，某些企业由于缺乏资金，或资金周转出现问题，可能导致某一创新项目或创新机遇被错失，如果政府能以财政性资金及时施以资金援助，就能促成创新研发项目的实施。另一方面，政府对企业研究开发费用的资金补

---

① 万莹．税收经济学［M］．上海：复旦大学出版社，2016．

贴可能起杠杆作用，某些企业可能由于某一创新项目存有风险而存在风险规避的偏向，但由于想得到政府的财政补贴，从而实施某一创新活动，这就间接地推动了企业创新研发投入的积极性。

现有研究对税收优惠政策和财政补贴政策促进企业自主创新投入或产出的效应评价没有一致的观点，但大多数学者认为，税收优惠政策和财政补贴政策对企业自主创新具有积极正向影响，如江静（2011）比较研究了财政补贴和税收优惠对企业创新支持的绩效，结果表明，财政补贴对内资企业的创新活动具有积极的正向影响。[①] 同时，大多数学者认为，相对于财政补贴促进企业自主创新作用的明确直接，税收优惠政策则更加隐蔽间接。基于此，提出假说2（H_2）。

假说2（H_2）：税收优惠政策和财政补贴政策对促进企业自主创新投入或产出都具有积极的正向影响作用，即政府对企业创新活动税收优惠和财政补贴强度越大，企业自主创新投入或产出就越大。同时，财政补贴对企业自主创新的激励作用优于税收优惠政策。

（3）税基型和税率型税收优惠政策对企业自主创新的促进激励作用不同。税率型税收优惠也即国家针对特定的企业创新主体采取较一般企业更低的税率，以鼓励这类企业积极进行自主创新。企业享受较一般税率优惠的税率，有助于企业降低成本，提高营业利润，同时增加资本积累，从而进一步增加创新投入。主观上，低税率优惠真正体现了国家对企业自主创新的大力支持，给予企业良好的预期，从而激发企业的自主创新动力，有利于培育企业的创新意愿。客观上，也减少了企业应纳所得税额，降低了高新技术企业的成本，从而增加了高新技术企业的创新资源。

税基型税收优惠最典型的表现为研发费用加计扣除优惠政策。研发费用加计扣除税收优惠指企业发生的研究开发费用可以在发生的当期进行税前全额据实扣除，削减企业的应纳税所得额。研究开发费用税前加计扣除税收优惠政策是世界各国普遍运用的促进企业自主创新的税收优惠政策，也是运用最多且较

---

① 江静. 公共政策对企业创新支持的绩效——基于直接补贴与税收优惠的比较分析［J］. 科研管理，2011，11（4）：1-8，50.

成熟的促进企业自主创新的税收优惠政策。研究开发费用税前扣除同样有助于降低企业的成本，在研究开发投入上，即有助于企业降低研发成本，降低研发风险，进而增加企业利润，增强企业资金实力，并最终促进企业加大研发投入。现有关于研发费用税前加计扣除促进企业科技创新效应的研究多数认为这一优惠政策对企业自主创新具有积极的促进效应，即正向影响。而且世界各国对这一政策的运用力度有不断加大的趋势，尤其是当前我国在实施"双创"战略背景下，为大力支持各级各类企业自主创新，从而推动产业结构转型、经济结构调整，也在不断调整和完善研发费用税前加计扣除政策。

根据税基型和税率型税收优惠政策的具体形式和优惠特点，税基型税收优惠政策形式多，且优惠表现较为直接，而税率型税收优惠政策的优惠表现较为隐蔽间接。基于此，提出假说 3（H_3）。

假说 3（H_3）：税基型和税率型税收优惠政策对促进企业自主创新投入或产出具有积极的正向影响作用，即税率越低或研究开发费用税前加计扣除强度越大，企业自主创新投入或产出就越大。同时，税基型税收优惠政策优于税率型税收优惠政策。

（4）税收优惠政策对不同行业企业自主创新的促进激励作用。现行税收优惠（包括总体税收优惠，税率型、税基型税收优惠）政策对企业自主创新投入或产出的促进效应不仅受税收优惠政策本身的影响，同时也受其他相关因素的影响，其是否产生影响以及影响的程度都与其他因素相关，如税收优惠政策对不同行业企业自主创新的投入和产出效应影响就与企业所处行业相关。由于各个行业企业有其行业自身的特点、发展规律、所处阶段、发展对创新依赖的程度、人员水平特点、创新氛围等，基于此，税收优惠政策对各个行业企业自主创新投入或产出的促进效应就会有差别。基于此，提出假说 4（H_4）。

假说 4（H_4）：税收优惠政策对不同行业企业自主创新投入或产出的促进激励具有积极的正向影响作用，但其对不同行业企业作用的程度不同。

（5）税收优惠政策对不同所有权性质企业自主创新的促进激励作用。如前所述，税收优惠（包括总体税收优惠，税率型、税基型税收优惠）政策促进企业自主创新投入或产出的效应受政策之外的诸多因素的影响，企业所属所有权性质就是重要因素之一，不同所有权性质的企业对税收优惠政策激励其创新的敏感性会具有差异。我国现有上市公司的所有权性质主要包括中央国有企业、地方国有企业、民营企业、公众企业、外资企业、集体企业及其他企业。现有研究对税收优惠政策促进内外资企业科技创新的效应进行了比较，结论是税收优惠政策促进内资企业的科技创新投入或产出效应显著，而对促进外资企业科技创新投入或产出效应不显著。本书将在此基础上将企业所有权性质进一步细化，进一步比较税收优惠政策对中央国有企业、地方国有企业、民营企业及其他企业自主创新投入或产出的激励效应。基于此，提出假说5（H_5）。

假说5（H_5）：税收优惠政策对不同所有权企业自主创新投入或产出的促进激励具有积极的正向影响作用，但其对不同所有权性质企业作用的程度不同。

（6）税收优惠政策对不同地区企业自主创新的促进激励作用。现行税收优惠（包括总体税收优惠，税率型、税基型税收优惠）政策对企业自主创新投入或产出的激励效应也受企业所处地区因素的影响。国家在制定税收优惠政策时通常会将地区作为重要的参考因素，不同地区税收优惠政策存在一定的差异。反向推之，同一税收优惠政策对不同地区的激励效应会存在差异。我国经济社会发展的重要现状之一是地区之间发展差距仍然较大。东部地区、中部地区、西部地区及东北地区存在不同程度的差异。因此，统一地实施促进企业自主创新的税收优惠政策，在激励各地区企业自主创新投入或产出时会存在效应差异。基于此，为测度这一事实，提出假说6（H_6）。

假说6（H_6）：税收优惠政策对不同地区企业自主创新投入或产出的促进激励具有积极的正向影响作用，但其对不同地区企业激励作用的程度不同。

（7）税收优惠政策对不同发展阶段企业自主创新的促进激励作用。税收优惠（包括总体税收优惠，税率型、税基型税收优惠）政策对企业自主创新投入或产出的激励效应受企业不同发展阶段的影响。我国现有上市公司所属证券板块有主板、中小板、创业板及新三板等。在不同板块上市的企业都有其自身的特点，其在不同板块上市的条件与要求存在较大差异。主管部门对其上市后的监管也存在差异，其上市后发展的主攻方向也存在差异，创业板及中小板的创新速度与水平在总体上快于主板。由于本书所选取的样本不包括新三板企业，在提出假说时就不含新三板企业。基于此，提出假说 7（H₇）。

假说 7（H₇）：税收优惠政策对不同发展阶段企业自主创新投入或产出的促进激励具有积极的正向影响作用，但其对不同发展阶段企业激励作用的程度不同。对创业板企业激励最为显著，其次是中小板企业，再次是主板企业。

2. 变量选择与说明

根据现有税收优惠政策或财政补贴政策对企业科技创新激励促进效应的相关研究，基于税收优惠政策促进企业自主创新的传导机制及其理论模型推导，在上述 7 个研究假说的基础上，选择如表 5 - 1 所示的因变量（被解释变量）、核心自变量（解释变量）、控制自变量（解释变量）分析税收优惠政策促进企业自主创新投入或产出的效应。从税收优惠政策总体效应、税收优惠政策与财政补贴政策不同效应、不同税收优惠政策效用，以及优惠政策对上市公司所属不同行业、所属不同地区、不同所有权性质、上市公司不同发展阶段等角度进行比较实证检验。

表 5 - 1　　　　　　　　　　　　变量选择及定义

变量类型	变量	变量定义	预期影响
因变量	RDI（研发强度）	公司研发投入/公司营业收入	
核心自变量	RTR（实际税率/税收优惠总体水平）	公司所得税/公司利润总额	-
	TAXRI（税收优惠强度）	税率型税收优惠额度/公司期末总资产	+
	DEDUCTION（加计扣除优惠强度）	公司研发支出 * 加计扣除率 * 公司所得税率/公司期末总资产	+
	SUBSIDYR（政府补贴强度）	公司获得的各级各类研发补助金额/公司期末总资产	+
控制自变量	ROE（净资产收益率）	公司净利润/公司股东权益	+
	DEBTR（资产负债率）	公司负债总额/公司期末总资产	-
	PROFITR（营业利润率）	公司营业利润/公司营业收入	+
	SIZE（公司规模）	公司期末总资产	+
	COMPETITION（市场竞争）	公司销售费用/公司营业收入	+
	RESEARCHERR（研发人员占比）	公司研究人员/公司总员工数	+

变量类型	变量	变量定义	预期影响
控制自变量	AGE（成立年限）	公司成立年限＝公司成立至当年的时间	＋
	INTANGIBLEA（无形资产）	公司期末无形资产	＋
	INDUSTRY（所属行业）	公司所属行业（INDUSTRY1＝制造业；INDUSTRY2＝信息传输业；INDUSTRY3＝建筑业；INDUSTRY4＝其他（含科技服务）行业）	＋／－
	OWN（所有权性质）	公司所属所有权性质（OWN1＝中央国有企业；OWN2＝地方国有企业；OWN3＝民营企业；OWN4＝其他企业）	＋／－
	BOARD（证券板块）	公司不同发展阶段（BOARD1＝主板；BOARD2＝中小板；BOARD3＝创业板）	＋／－
	REGION（所在地区）	公司所属地区（REGION1＝东部地区；REGION2＝中部地区；REGION3＝西部地区；REGION4＝东北地区）	＋／－

注："＋／－"表示影响方向不确定，"＋"表示正方向影响，"－"表示负方向影响。

（1）因变量（被解释变量）。企业的自主创新效应到底如何，用什么指标来衡量企业自主创新的效应，是对企业自主创新效应进行评估的重要基础。根据现有相关研究及企业对外公布的数据指标体系，如用于衡量企业自主创新效应的指标主要有企业自主创新的投入指标和企业自主创新的产出指标。企业自主创新的投入指标主要有企业的研究开发资金投入额，即研发费用支出，包括费用化及资本化的研发投入，企业自主创新的投入指标还可用企业投入研发人员数量来衡量。企业自主创新的产出主要可以用企业专利申请数、企业有效专利数、企业拥有发明专利数以及企业新产品销售收入等指标衡量。考虑数据的完整性、易得性及科学性，本书采用理论界普遍接受并广泛使用的研发投入强度（RDI）即企业研发资金总投入除以企业营业收入作为因变量（被解释变量）来衡量企业自主科技创新水平。

（2）核心自变量（解释变量）。本书的首要研究目标及内容是考察税收优惠（包括总体税收优惠，税率型、税基型税收优惠）政策促进企业自主创新投入的效应。基于此，选择的核心自变量为实际税率（RTR）即总体税收优惠、税收优惠强度（TAXRI）即税率型、加计扣除优惠强度（DEDUCTION）即税基型以及财政补贴强度（SUBSIDYR）等。

实际税率（RTR）即总体税收优惠。现有对总体税收优惠程度进行衡量的指标主要有 B 指数、实际税率等。瓦尔达（Warda, 1996）设计了衡量税收优惠程度的"B 指数"[①]，用于反映企业研究开发投入的总成本，B 指数越小，说明税收优惠程度越大，是世界许多国家普遍用于衡量税收优惠程度的指标，也是现有研究中采用较多的指标，但我国目前还没有对外公布税收优惠程度的 B 指数。因此，本书选用公司缴纳的所得税除以公司利润总额计算出的实际税率作为衡量总体税收优惠程度的指标之一，将在分析税收优惠促进企业自主创新投入即研发投入强度（RDI）的总体效应、税收优惠总体效应以及财政补贴促进企业自主创新投入的效应比较时使用这一指标。

税收优惠强度（TAXRI）。现有对税收优惠政策促进企业自主创新投入即研发投入强度（RDI）的效应研究，基本没有就不同种类税收优惠形式促进企业自主创新的效应进行比较研究。本书为做这一方面的探索，选择了具体指标名，主要目的是比较税率型税收优惠形式与研发费用税前加计扣除即税基型税收优惠形式对促进企业自主创新的效应。税收优惠强度指标主要用于衡量税率型税收优惠程度，它是用现行公司已纳企业所得税总额除以公司适用的优惠税率 15%，再乘以现行企业所得税一般税率 25%，计算出适用 25% 一般税率的企业应纳所得税额，再减去公司已纳企业所得税总额，最后除以公司净利润或公司期末总资产。其表达式为：税收优惠强度（TAXRI）=（公司已纳税额/15% ×25% –公司已纳税额）/公司净利润或公司期末总资产。

加计扣除优惠强度（DEDUCTION）。这一指标是现有研究普遍采用的指标，即指研究开发费用税前加计扣除税收优惠强度。现有研究中，有大量文章考察了研发费用加计扣除税收优惠促进企业科技创新研发投入的效应。前已述及，本书使用这一指标主要目的是比较研发费用税前加计扣除税收优惠形式与税率型税收优惠形式对促进企业自主创新的效应。研发费用税前加计扣除优惠

---

① Warda, J. . Measuring the value of R&D tax provisions ［A］. in OECD, Fiscal Measures to Promote R&D and Innovation ［C］. Paris, 1996：9 –22.

强度是用公司研究开发费用总支出乘以加计扣除率，再乘以适用的企业所得税税率，最后除以公司期末总资产。其表达式为：加计扣除优惠强度（DEDUCTION）＝研究开发费用总支出×加计扣除率×适用的企业所得税税率/公司期末总资产。

财政补贴强度（SUBSIDYR）。财政补贴也是用于激励企业自主创新的重要手段。现有研究中，也有一些文章考察了财政补贴对企业自主创新或是高新技术企业科技创新的激励效应，但研究结论有较大的区别。有的研究发现财政补贴对企业自主创新具有正向影响作用，有的却得出相反的结论，即财政补贴不仅不会促进企业的研发投入，反而会对企业创新研发投入产生挤出效应。本书使用这一指标的主要目的是对比分析税收优惠及财政补贴促进企业自主创新投入的效应。由于各级政府专门用于支持企业自主创新的财政补贴数据还未单独对外公布，因此，只能采用企业获得的各级政府财政补贴总额进行代替，再用获得的财政补贴总额除以企业的期末总资产就计算出了财政补贴强度。其表达式为：财政补贴强度（SUBSIDYR）＝财政补贴总额/企业期末总资产。

（3）控制自变量（解释变量）。企业的自主创新投入或产出效应不仅受各种税收优惠政策、财政补贴政策的影响，同时也受企业所属行业、企业所属地区、企业创立时间、企业规模等因素的影响。为更好地考察税收优惠政策对企业创新投入或产出的影响方向和影响程度，在参考现有文献的基础上，本书控制了以下自变量。

净资产收益率（ROE），该指标又称净值报酬率或股东权益报酬率或权益利润率或权益报酬率或净资产利润率，是净利润除以股东权益得到的百分比率，也是公司税后净利润除以净资产得到的百分比率，这一指标反映的是公司股东权益的收益水平，用以衡量公司对自有资本的运用效率。该指标值越大，说明股东投资带来的收益也越大，它集中体现了公司或企业自有资本获得净收益的能力。现有研究也充分显示，这一指标对企业的自主创新有正向影响作用。净资产收益率越高，说明企业所获的总体收益就越大，企业就越有资金投入创新。

资产负债率（DEBTR），是公司期末负债总额除以公司期末资产总额的百分比，也就是公司期末负债总额与资产总额的比例关系。资产负债率反映的是在某一公司总资产中有多大比例是通过借债途径来筹集的，也可以用来衡量债权人利益在企业清算时受到保护的程度。这一指标也反映公司全部资本中债权人提供资本所占的比例，也称为公司或企业举债经营比率。同时，它也是一项衡量企业使用其债权人资金进行投资经营活动能力的重要指标，反映企业债权人所投放贷款的资金安全程度。现有研究结论几乎都反映资产负债率对企业自主创新投入具有抑制作用，因为资产负债率越高，企业所获收益更多首先用于偿债，从而其创新投入就受影响。

营业利润率（PROFITR），指企业的营业利润除以企业营业收入的比率，是衡量企业经营绩效的重要指标，集中反映了企业在考虑其营业成本的情况下，企业管理层通过其自身经营管理获取利润的能力。现有研究结论基本都表明，营业利润率对企业自主创新投入具有正向影响。因为企业营业利润率越高，其利润也就越高，其可投入创新的资本就越雄厚，其投入创新的意愿就越高。

公司规模（SIZE），指对公司生产、经营、资本等范围的划型，即用相关指标衡量的所选择样本企业的大小。根据熊彼特对创新理论的论述，他提出公司的规模越大，其承担创新研发成本费用的能力越大，抵御创新研发风险的能力就越强，并且其创新意愿也越强。大企业、大公司在各国的创新体系中都处于核心地位，都是践行和引领创新主体力量。借鉴现有研究成果，本书采用公司期末总资产指标衡量公司规模，并为使变量变得更平稳，采取对期末总资产取自然对数再引入模型进行回归分析。

市场竞争（COMPETITION），指企业面临的市场状况，或者企业所处的市场环境，它包括企业或公司处于完全竞争市场环境、处于垄断竞争市场环境、处于寡头垄断市场环境，还是垄断市场环境。阿罗（Arrow，1962）在分析不同市场结构环境公司的创新行为时发现，竞争程度越高的市场环境越有利于推动企业实施自主创新行为和活动。[①] 同时，也有学者得出截然相反的结论。但总体而言，现有研究结论及多数经济学家都赞同市场竞争程度越高越有利于促进企业创新。如何衡量公司所处的市场竞争程度是一个较大的难题。本书基于现有研究，并根据数据获得的可能性，采用公司销售费用除以公司营业总收入

---

① Arrow, K.. The economic implication of learning by doing [J]. Review of Economic Studies, 1962 (29).

的比率来衡量。通常，公司面临的市场环境竞争程度越高，其产品与其他公司的差异就越小，公司销售产品的费用率就会越高。

研发人员占比（RESEARCHERR），企业或公司的创新效率或绩效不仅取决于公司的创新研发资本费用投入，同时与企业的创新研发人力资本投入非常相关，而且人更是关键的因素，如果企业投入的研发人力资本水平较高，并且与企业发展的规模与需要匹配，就会大大提高公司的创新效应。现有研究结论基本支持公司研发人员占比越高，其创新研发效应越高。本书采用上市公司对外公布的公司研发人员占公司职工总人数比重指标。

成立年限（AEG），公司成立年限即所选样本公司持续经营的时间长度，它指公司注册成立之年到研究之时的总年限。通常认为，公司成立年限越长，创新投入效应越大。因为公司成立年限越长，其规模通常越大，资本越雄厚，创新投入就越大。或者公司成立年限越长，原有技术创新积累就越好，创新人才等条件积累就越好，就越有利于激励创新。本书用公司注册成立之年到2016年底的时间长度为其成立年限，注册成立当年无论时间多长都算一年。

无形资产（INTANGIBLEA），是指样本公司拥有或者实际被控制的没有实物形态的可进行辨认的非货币性资产。其具有广义和狭义之分，广义的无形资产是指公司拥有的没有物质实体，而是表现为公司某种法定权利或技术的资产，主要包括应收账款、货币资金、金融资产、长期股权投资、商标权和专利权等。狭义的无形资产仅指会计上理解的专利权和商标权等。通常也认为，公司所拥有或实际控制的无形资产越多，其创新的基础就越强。本书使用的是样本公司对外公布的年末无形资产总值，为了使变量更加平稳，同样对无形资产取自然对数之后再引入模型进行回归。

所属行业（INDUSTRY），设置为多分类虚拟变量①。考虑到公司所属行业发展特征差异及各行业的自身特质，税收优惠政策对各行业的创新激励效应也存在差异。因此，比较考察税收优惠政策对不同行业创新激励的效应。在将行业进行分类时，本书在2012年新修订的《上市公司行业分类指引》规定的分

---

① 虚拟变量通常取值为 0 或 1，其设置原则为：如果在使用的回归模型中有截距项，有 X 种互斥的属性类型，则在模型中引入（X－1）个虚拟变量。

类基础上，将行业归为制造业、信息传输业、建筑业及其他（含科技服务）行业四大类。

所有权性质（OWN），同样设置为多分类虚拟变量。公司所属所有权性质不同，税收优惠政策对其创新投入激励的效应也不同，公司所有权性质不同，其对创新的需求、对创新风险的抵御能力、对创新成本的负担能力都不同。因此，比较考察税收优惠政策对其创新激励效应的差异。在上市公司所有权性质分类的基础上，本书出于研究考虑，将样本公司分为中央国有企业、地方国有企业、民营企业和其他企业。

所属证券板块（BOARD），即公司不同发展阶段仍然设置为多分类虚拟变量。根据我国上市公司上市的基本条件及要求，公司所属证券板块基本与其规模和成长阶段相关。不同规模和成长阶段的公司，税收优惠政策激励其创新的效应肯定具有差异。因此，需要考察税收优惠政策促进不同板块上市公司自主创新效应的区别。我国当前上市公司所属不同发展阶段主要分为主板、中小板、创业板和新三板四类，本书样本公司所涉及的只有前三类。

所属地区（REGION），也设置为多分类虚拟变量。公司所属地区也有其各自的特点、发展阶段、创新环境差异。因此，考察税收优惠政策对不同地区企业自主创新激励效应的差异。按照现在区域划分惯例，将样本公司所属地区划分为东部、中部、西部和东北地区。

3. 模型构建

前已述及，本书的主要研究目的是对不同类型税收优惠（包括总体税收优惠，税率型、税基型税收优惠）政策促进企业自主创新的效应，税收优惠政策与财政补贴政策促进企业自主创新的效应，以及税收优惠政策促进不同行业、不同地区、不同所有权性质、不同发展阶段的上市公司自主创新效应进行比较实证检验。也即检验或测度用于衡量企业自主创新效应的指标——企业研发投入强度（RDI）和相关变量之间的关系。为此，构建一个包括所有变量的总体回归模型，之后在具体比较检验各变量对企业研发投入强度即企业自主创新效应的促进作用时，再对具体变量进行增减调整或引入交叉项。其总体模型为：

$$RDI_{it} = \alpha_0 + \alpha_1 RTR_{it} + \alpha_2 TAXRI_{it} + \alpha_3 DEDUCTION_{it} +$$

$$\alpha_4 SUBSIDYR_{it} + \alpha_5 ROE_{it} + \alpha_6 DEBTR_{it} +$$

$$\alpha_7 PROFITR_{it} + \alpha_8 SIZE_{it} + \alpha_9 COMPETITION_{it} +$$

$$\alpha_{10} RESEARCHERR_{it} + \alpha_{11} AGE_{it} +$$

$$\alpha_{12} INTANGIBLEA_{it} + \alpha_{13} INDUSTRY1_{it} +$$

$$\alpha_{14} INDUSTRY2_{it} + \alpha_{15} INDUSTRY3_{it} + \qquad (5-1)$$

$$\alpha_{16} OWN1_{it} + \alpha_{17} OWN2_{it} + \alpha_{18} OWN3_{it} +$$

$$\alpha_{19} BOARD1_{it} + \alpha_{20} BOARD2_{it} + \alpha_{21} REGION1_{it} +$$

$$\alpha_{22} REGION2_{it} + \alpha_{23} REGION_{it} + \delta_{it}$$

式（5-1）是引入了所有核心自变量、控制自变量的用于测度税收优惠政策促进企业自主创新效应的模型。其中，系数 $\alpha_0 \sim \alpha_{23}$ 为对应核心自变量、控制自变量和多分类虚拟控制自变量的回归系数，为随机扰动项，反映无法观察到的核心自变量和控制自变量以外的其他影响因素；下标 i、t 分别表示样本公司（$i = 1 \sim 744$）和时间（$t = 2014 \sim 2016$ 年）。

5.1.2 数据来源与选取说明

1. 样本数据来源

为实现对前述税收优惠政策促进企业自主创新效应六个方面的比较实证检验分析，从万得资讯（Wind 资讯）和国泰安（CSMAR）数据库获取相关财务数据和企业研究开发相关数据。实证分析所需变量的相关样本企业财务指标数据，如企业营业收入、企业所得税、企业利润总额、企业净利润、企业股东权益（所有者权益）、企业负债总额、企业营业利润、企业年末总资产、企业销售费用、企业注册成立年限、企业所有权性质、企业所属地区、企业所属行业、企业所属证券板块、企业无形资产，这些相关数据取自万得资讯（Wind 资讯）数据库。实证分析所需变量的相关样本企业研究开发数据，如企业研发支出、企业研发人员数量、企业研发财政直接补助，这些相关数据取自国泰安（CSMAR）的中国上市公司专利与研发创新研究子数据库。样本数据的收集整理过程为：第一步，从万得资讯（Wind 资讯）和国泰安（CSMAR）数据库的上市公司专利与研发创新研究子数据库分别收集截至 2016 年中国 A 股市场 2 200 多家上市公司的相关财务指标数据和企业研究开发相关数据；第二步，从数据中筛选出 2014～2016 年连续 3 年被认定为高新技术并享受 15% 优惠税率的企业；第三步，剔除掉任何相关指标数据为零、利润亏损和数据缺失的企业；第四步，通过手工方式将取自国泰安（CSMAR）数据库的上市公司专利与研发创新研究子数据库的企业研发支出额、企业研发人员数量、企业研发补助额进行计算加总并入企业财务指标数据表，在此数据库数据中，没有列示的企业数据就从企业公布的财务报表中收集；第五步，运用已有数据计算整理出相关间接变量数据；第六步，将 744 家样本公司按照所属行业、所属所有权性质、所属地区及不同发展阶段等类别进行分类整理。通过以上步骤，最终选取的样本数据为 744 家公司，此次实证检验将基于这些数据，运用计量经济方法，对税收优惠政策促进企业自主创新的效应从不同行业、不同所有制、不同所有权性质、不同发展阶段、不同税收优惠政策及税收优惠政策与财政补贴政策六方面进行比较实证检验。

2. 样本数据描述性统计

（1）样本公司分类情况分析。为比较分析税收优惠政策促进不同行业、不同所有权性质、不同地区以及不同证券板块公司自主创新效应的区别，将样本公司进行了分类整理，选择用于分析的 744 家样本公司，分布情况见表 5 - 2 至表 5 - 5。

从表 5 - 2 可知，744 家样本公司所属行业分布较为集中，公司所属行业为制造业的数量最多，共计 641 家，占比达 86.2%；其次是信息传输业，共计 48 家，占比为 6.4%；再次是建筑业，共计 13 家，占比为 1.7%；接下来为科技服务业，共计 10 家，占比为 1.4%；来源于其他行业的公司数量均较少，占比均比较低。因此，在考察税收优惠政策促进不同行业企业自主创新的效应时，将公司所属行业归并为四个，即制造业、信息传输业、建筑业及其他（含科技服务）行业。

表 5 - 2　　　　　　　　样本公司所属行业分布情况

所属行业	公司数量（家）	占比（%）	所属行业	公司数量（家）	占比（%）
制造业	641	86.2	采矿业	9	1.2
信息传输业	48	6.4	农、林、牧、渔业	1	0.1

所属行业	公司数量（家）	占比（%）	所属行业	公司数量（家）	占比（%）
科技服务业	10	1.4	批发和零售业	4	0.5
交通运输业	2	0.3	文、体、娱乐业	3	0.4
建筑业	13	1.7	水利业	9	1.2
电力业	3	0.4	租赁和商务服务业	2	0.3

从表5-3可知，744家样本公司所属所有权性质分布也较为集中，所属所有权性质为民营企业的公司最多，共计551家，占比达74%；其次是地方国有企业，共计68家，占比为9.2%；再次是中央国有企业，共计64家，占比为8.6%；接下来为公众企业，共计30家，占比为4%；来源于外资企业和集体企业的公司数量均较少，占比均较低。因此，在考察税收优惠政策促进不同所有权性质企业自主创新的效应时，将公司所属所有权性质同样归并为四个，即民营企业、中央国有企业、地方国有企业及其他行业。

表5-3　　　　　　　　样本公司所属所有权性质分布情况

公司属性	公司数量（家）	占比（%）	公司属性	公司数量（家）	占比（%）
中央国有企业	64	8.6	公众企业	30	4
地方国有企业	68	9.2	外资企业	19	2.6
民营企业	551	74	其他（包括集体企业）	12	1.6

从表5-4可知，744家样本公司所属地区分布也较为集中，公司来源为东部地区的数量最多，共计537家，占比达72.2%；其次是中部地区，共计96家，占比为12.9%；再次是西部地区，共计94家，占比为12.6%；来源于东北地区的企业最少，共计17家，占比仅为2.3%。在考察税收优惠政策促进不同地区企业自主创新的效应时，将以这四个地区进行比较分析。

表5-4　　　　　　　　样本公司所属地区分布情况

所属地区	公司数量（家）	比重（%）
东部地区	537	72.2
中部地区	96	12.9
西部地区	94	12.6
东北地区	17	2.3

从表 5 - 5 可知，744 家样本公司所属证券板块分布较为平均，公司来源最多的证券板块是创业板，共计 288 家，占比达 38.7%；其次是沪深主板，共计 231 家，占比为 31%；再次是中小板，共计 225 家，占比为 30.3%。

表 5 - 5　样本公司所属证券板块分布情况

板块	公司数量（家）	占比（%）
沪市主板	209	28.1
深市主板	22	2.9
中小板	225	30.3
创业板	288	38.7

（2）样本数据变量描述性统计。表 5 - 6 是所有变量（因变量、核心自变量、控制自变量）的描述性统计分析结果。分析结果显示，样本公司研发投入强度（RDI）指标的平均值达 5.263 872%，表明被认定为高新技术企业的公司整体研发投入水平较高，样本高新技术企业的认定名副其实。我国高新技术企业的研发实力及水平普遍提高，但样本企业研发投入的差距仍然较大，研发投入强度指标最小的为 0.006 2%，而最大的达 52.61%。从样本企业享受的税收优惠指标看，样本公司的实际税率（RIR）指标平均值为 0.202 027%，表明样本公司实际税率水平整体较低，但指标同时显示实际税率差距较大，最小的为 - 5.137 9%，而最大的达 216.207 3%，这同时表明有少量企业的实际税率水平仍然较高。样本公司税收优惠强度（TAXRI）指标的平均值为 0.079 579%，表明样本公司获得的税率型税收优惠力度较低，指标同时显示税率型税收优惠的差距也较小。样本公司加计扣除优惠强度（DEDUCTION）指标的平均值为 0.006 342%，表明样本公司税前加计扣除优惠强度整体水平较低。样本公司财政补贴强度（SUBSIDYR）指标的平均值为 0.004 593%，表明样本公司财政补贴强度整体水平较低，还有不少公司没有获得政府的财政补贴。此外，表 5 - 2 至表 5 - 5 显示，样本公司所属行业主要为制造业，占比达 86.2%，所有权性质主要为民营企业，占比达 74%，所属地区主要为东部地区，占比达 72.2%，不同发展阶段的样本公司较为均衡。

表5-6 变量描述性统计

变量名	样本数	平均值	标准差	中位数	最小值	最大值
RDI	2 232	5. 263 872	4. 143 391	4. 210 000	0. 006 2	52. 610 0
RTR	2 232	0. 202 027	4. 589 834	0. 064 657	-5. 137 9	216. 207 3
TAXRI	2 232	0. 079 579	0. 322 185	0. 050 962	-6. 154 6	6. 667 0
DEDUCTION	2 232	0. 006 342	0. 004 821	0. 005 383	0. 000 0	0. 081 6
SUBSIDYR	2 232	0. 004 593	0. 007 300	0. 002 373	0. 000 0	0. 122 6
ROE	2 232	0. 097 624	0. 107 318	0. 085 814	-1. 906 4	1. 031 5
DEBTR	2 232	0. 356 458	0. 179 740	0. 336 176	-0. 578 1	0. 936 0
PROFITR	2 232	0. 194 829	0. 983 705	0. 103 563	-20. 466 3	19. 128 7
SIZE	2 232	12. 324 900	1. 200 140	12. 200 100	9. 580 0	17. 890 0
COMPETITION	2 232	0. 129 989	0. 423 412	0. 054 443	0. 000 1	8. 244 7
RESEARCHERR	2 232	16. 378 300	10. 683 800	13. 755 000	0. 040 0	67. 110 0
AGE	2 232	17. 680 000	4. 541 000	17. 000 000	7. 000 0	37. 000 0
INTANGIBLEA	2 232	8. 974 200	1. 554 030	8. 967 100	0. 470 0	14. 750 0

5.2 税收优惠政策促进企业自主创新
总体显著性实证检验

5.2.1 实证检验模型及变量

1. 实证模型

在前述构建的总体模型即式（5-1）基础上，根据税收优惠政策促进企业自主创新总体显著性实证检验需要，将实证模型变形为：

$$RDI_{it} = \alpha_0 + \alpha_1 RTR_{it} + \alpha_2 ROE_{it} + \alpha_3 DEBTR_{it} +$$
$$\alpha_4 PROFITR_{it} + \alpha_5 COMPETITION_{it} + \alpha_6 SIZE_{it} +$$
$$\alpha_7 RESEARCHERR_{it} + \alpha_8 AGE_{it} +$$
$$\alpha_9 INTANGIBLEA_{it} + \alpha_{10} INDUSTRY1_{it} +$$

$$\alpha_{11} INDUSTRY2_{it} + \alpha_{12} INDUSTRY3_{it} +$$
$$\alpha_{13} OWN1_{it} + \alpha_{14} OWN2_{it} + \alpha_{15} OWN3_{it} + \qquad (5-2)$$
$$\alpha_{16} BOARD1_{it} + \alpha_{17} BOARD2_{it} + \alpha_{18} REGION1_{it} +$$
$$\alpha_{19} REGION2_{it} + \alpha_{20} REGION_{it} + \delta_{it}$$

2. 变量设置

考察税收优惠政策促进企业自主创新的总体效应，也即考察实际税率（RTR）变量促进企业自主创新的效应，模型（5-2）中剔除了税收优惠强度（TAXRI）、加计扣除优惠强度（DEDUCTION）及财政补贴强度（SUBSIDYR）三个变量，只保留实际税率（RTR）变量，用以考察税收优惠政策促进企业自主创新效应的总体显著性。同时，为了防止遗漏重要变量导致模型估计结果偏误，将所有控制变量即净资产收益率（ROE）、资产负债率（DEBTR）、营业利润率（PROFITR）、公司规模（SIZE）、市场竞争（COMPETITION）、研发人员占比（RESEARCHERR）、成立年限（AGE）、无形资产（INTANGIBLEA），以及分类变量即所属行业（INDUSTRY）、所有权性质（OWN）、所属证券板块（BOARD）即不同发展阶段、所属地区（REGION）同时引入模型进行检验。

5.2.2　实证检验方法

面板数据的模型可能存在时间或个体的固定效应和随机效应。在本模型中，固定效应是指忽略不同企业的影响（包含在随机项中），与自变量（企业特征）相关。本模型的随机效应是指自变量影响随机企业（个体）的特征和时间不同而不同，从而呈现为与企业特征和时间特征有关的异方差。固定效应的处理一般为虚拟变量法和差分法等。本模型的自变量设定中，就引入了不同类别企业的虚拟变量，考虑了不同类别企业的影响，因而有效地处理了固定效应。随机效应的处理为广义最小二乘法（GLS）。本模型随机效应的处理采用横截面个体加权广义最小二乘法（Panel EGLS），时期的异方差处理采用怀特（White）稳健估计量校正参数估计量的标准误。书中税收优惠政策与财政补贴政策促进企业自主创新的效应，以及不同类型税收优惠政策促进企业自主创新效应的比较分析及其企业差异分析均采用此方法。

5.2.3 实证检验结果及分析

如表 5 - 7 所示，模型 1 为经典线性回归模型设定下参数估计的结果，模型 2 为采用横截面个体加权广义最小二乘法和怀特稳健时期参数估计量的标准误估计结果。模型 2 相较于模型 1，模型总体上有显著改善（修正的 R^2 由 0.255 663 变为 0.812 076，F 值由 84.800 6 变为 1 066.880）。参数估计值没有太大变化，但估计量的标准误相差比较大，T 检验的显著性有显著变化。这表明模型存在与企业个体和时期有关的异方差特征，即模型为异方差模型，必须对模型的异方差进行处理，因而模型 2 采用横截面个体加权广义最小二乘法和怀特稳健时期参数估计处理结果是可靠的。

1. 核心自变量实证检验结果分析

考察税收优惠促进企业自主创新的总体效应，根据表 5 - 7 模型 2 的回归结果可知，实际税率（RTR）即税收优惠总体上与研发投入强度（RDI）显著负相关，且在 1% 水平下通过显著性检验。这表明实际税率越小，即总体税收优惠越大，各种税收优惠总体额度加总越大，税收优惠政策促进企业自主创新就越明显，即税收优惠政策总体上显著促进了企业的自主创新。这是因为税收优惠总体上降低了企业的成本，从而无形中增加了企业的利润，增加了企业的可支配资金，促使企业在激烈的市场竞争环境下增加创新投入，这就验证了假设 1（H_1）。

2. 控制自变量实证检验结果分析

接着考察控制自变量即净资产收益率（ROE）、资产负债率（DEBTR）、营业利润率（PROFITR）、公司规模（SIZE）、市场竞争（COMPETITION）、研发人员占比（RESEARCHERR）、成立年限（AGE）、无形资产（INTANGIB-LEA），以及分类变量即所属行业（INDUSTRY）、所有权性质（OWN）、所属发展阶段（BOARD）、所属地区（REGION）促进企业自主创新效应的显著性。根据表 5 - 7 模型 2 的回归结果可知，净资产收益率（ROE）、资产负债率（DEBTR）、营业利润率（PROFITR）、公司规模（SIZE）、市场竞争（COM-PETITION）、研发人员占比（RESEARCHERR）、成立年限（AGE）、无形资产（INTANGIBLEA）等控制自变量均与研发投入强度（RDI）显著相关，其中，净

表 5-7　税收优惠政策促进企业自主创新总体效应多元回归结果

被解释变量 RDI：企业研发资金投入占企业营业收入的比例

解释变量	模型 1				模型 2			
	系数	标准误	T 值	Sig 值	系数	标准误	T 值	Sig 值
CONSTANT	6.924 025 ***	0.972 256	7.121 609	0.000 0	6.749 192 ***	0.225 473	29.933 510	0.000 0
RTR	-0.000 723	0.016 529	-0.043 735	0.965 1	-0.001 857 ***	0.000 270	-6.873 067	0.000 0
ROE	-3.053 003 ***	0.785 320	-3.887 591	0.000 1	-2.585 689 ***	0.328 507	-7.871 028	0.000 0
DEBTR	-3.217 005 ***	0.479 966	-6.702 564	0.000 0	-2.927 848 ***	0.166 647	-17.569 170	0.000 0
PROFITR	0.170 148	0.110 533	-1.539 347	0.123 9	0.044 944 **	0.045 712	-0.983 187	0.025 6
SIZE	-0.416 812 ***	0.110 557	-3.770 099	0.000 2	-0.434 595 ***	0.035 667	-12.184 830	0.000 0
COMPETITION	0.577 901 **	0.245 365	2.355 275	0.018 6	0.241 147 **	0.119 619	2.015 951	0.043 9
RESEARCHERR	0.173 837 ***	0.007 361	23.616 03	0.000 0	0.164 000 ***	0.003 409	48.103 180	0.000 0
AGE	-0.058 865 ***	0.017 127	-3.436 989	0.000 6	-0.052 876 ***	0.005 422	-9.751 594	0.000 0
INTANGIBLEA	0.342 456 ***	0.078 750	4.348 654	0.000 0	0.360 804 ***	0.032 119	11.233 230	0.000 0
INDUSTRY	是	是	是	是	是	是	是	是
OWN	是	是	是	是	是	是	是	是
BOARD	是	是	是	是	是	是	是	是
REGION	是	是	是	是	是	是	是	是
F 值	84.800 6 ***				1 066.880 ***			
R²	0.255 663				0.812 076			
Obs	744				744			

注：***、**、* 分别表示 $p < 0.01$，$p < 0.05$，$p < 0.1$。

资产收益率（ROE）、资产负债率（DEBTR）、公司规模（SIZE）、成立年限（AGE）与研发投入强度（RDI）显著负相关，且均在1%水平下通过显著性检验。

营业利润率（PROFITR）、市场竞争（COMPETITION）、研发人员占比（RESEARCHERR）、无形资产（INTANGIBLEA）等控制自变量均与研发投入强度（RDI）显著正相关，且研发人员占比（RESEARCHERR）和无形资产（INTANGIBLEA）在1%水平下通过显著性检验，营业利润率（PROFITR）和市场竞争（COMPETITION）在5%水平下通过显著性检验。这表明净资产收益率（ROE）、资产负债率（DEBTR）、公司规模（SIZE）、成立年限（AGE）等对企业自主创新具有负向影响，而营业利润率（PROFITR）、研发人员占比（RESEARCHERR）、市场竞争（COMPETITION）、无形资产（INTANGIBLEA）等对企业自主创新具有正向影响。

净资产收益率越低的企业反而越有意愿进行创新投入，因为净资产收益率低的企业大多是规模较小并且成立年限较短的企业，其在所有权性质上多属民营企业，这类企业为了使自己更有竞争力，其更愿意增加创新投入。资产负债率越低，即负债越少的企业，其相比负债多的企业更有资金进行创新投入。规模小、成立年限短的上市企业大多数为中小板或创业板公司，为了不断发展壮大、提高自己的市场竞争力，其愿意进行创新投入。营业利润率高的公司基本都是创新能力较好的公司，同时，营业利润高也有助于企业积累资金用于创新投入。研发人员占比越高的企业越注重创新，其创新投入自然越高。同样，无形资产越多的企业，也是创新较强的企业，其创新投入也会越多。面临市场竞争越激烈的企业，其为了在市场竞争中取胜，其创新投入也会越多。

5.3 不同类型优惠政策促进企业自主创新比较实证检验

5.3.1 实证检验模型及变量

由于各种优惠政策变量的单位不尽相同，从而无法对各种不同优惠政策促进企业自主创新的作用进行直接比较。如果需要比较，就应消除单位的影响。因此，为消除不同量纲的影响，在构建的总体模型即式（5-1）基础上，将除虚拟变量之外的所有变量都进行标准化处理，如式（5-3）和式（5-4）所示，分别用于比较税收优惠政策和财政补贴政策，以及税率型税收优惠政策和税基型税收优惠政策促进企业自主创新作用的显著性及其大小。式（5-3）和式（5-4）中分别使用标准化了的变量即实际税率（RTR）和财政补贴强度（SUBSIDYR），税收优惠强度（TAXRI）和加计扣除优惠强度（DEDUCTION）等各两个核心变量表示税收优惠政策、税率型税收优惠政策、税基型税收优惠政策及财政补贴政策促进企业自主创新效应的显著性。同时，为了防止遗漏重要变量导致模型估计结果偏误，也将所有标准化了的控制变量即净资产收益率（ROE）、资产负债率（DEBTR）、营业利润率（PROFITR）、公司规模（SIZE）、市场竞争（COMPETITION）、研发人员占比（RESEARCHERR）、成立年限（AGE）、无形资产（INTANGIBLEA），以及分类变量即所属行业（INDUSTRY）、所有权性质（OWN）、所属证券板块（BOARD）、所属地区（REGION）同时引入模型进行检验。

$$
\begin{aligned}
ZRDI_{it} = {} & \alpha_0 + \alpha_1 ZRTR_{it} + \alpha_2 ZSUBSIDYR_{it} + \alpha_3 ZROE_{it} + \\
& \alpha_4 ZDEBTR_{it} + \alpha_5 ZPROFITR_{it} + \alpha_6 ZSIZE_{it} + \\
& \alpha_7 ZCOMPETITION_{it} + \alpha_8 ZRESEARCHERR_{it} + \\
& \alpha_9 ZINTANGIBLEA_{it} + \alpha_{10} ZAGE_{it} + \\
& \alpha_{11} INDUSTRY1_{it} + \alpha_{12} INDUSTRY2_{it} + \\
& \alpha_{13} INDUSTRY3_{it} + \alpha_{14} OWN1_{it} + \alpha_{15} OWN2_{it} + \\
& \alpha_{16} OWN3_{it} + \alpha_{17} BOARD1_{it} + \alpha_{18} BOARD2_{it} + \\
& \alpha_{19} REGION1_{it} + \alpha_{20} REGION2_{it} + \\
& \alpha_{21} REGION_{it} + \delta_{it}
\end{aligned}
\tag{5-3}
$$

$$
\begin{aligned}
ZRDI_{it} = {} & \alpha_0 + \alpha_1 ZTAXRI_{it} + \alpha_2 ZDEDUCTION_{it} + \alpha_3 ZROE_{it} + \\
& \alpha_4 ZDEBTR_{it} + \alpha_5 ZPROFITR_{it} + \alpha_6 ZSIZE_{it} + \\
& \alpha_7 ZCOMPETITION_{it} + \alpha_8 ZRESEARCHERR_{it} +
\end{aligned}
$$

$$\alpha_9 ZINTANGIBLEA_{it} + \alpha_{10} ZAGE_{it} +$$

$$\alpha_{11} INDUSTRY1_{it} + \alpha_{12} INDUSTRY2_{it} +$$

$$\alpha_{13} INDUSTRY3_{it} + \alpha_{14} OWN1_{it} + \alpha_{15} OWN2_{it} + \qquad (5-4)$$

$$\alpha_{16} OWN3_{it} + \alpha_{17} BOARD1_{it} + \alpha_{18} BOARD2_{it} +$$

$$\alpha_{19} REGION1_{it} + \alpha_{20} REGION2_{it} +$$

$$\alpha_{21} REGION_{it} + \delta_{it}$$

5.3.2 实证检验方法

对固定效应和随机效应的处理方法仍然使用 5.2.2 所述方法，即固定效应的处理一般为虚拟变量法和差分法等。本模型的自变量设定中，就引入了不同类别企业的虚拟变量，考虑了不同类别企业的影响，因而有效地处理了固定效应。随机效应的处理为广义最小二乘法（GLS）。本模型随机效应的处理采用横截面个体加权广义最小二乘法（Panel EGLS），时期的异方差处理采用怀特（White）稳健估计量校正参数估计量的标准误。同时，假设式（5-2）中 $\alpha_1 \geq \alpha_4$，$\alpha_2 \geq \alpha_3$，$\alpha_2 \geq \alpha_4$。运用 Wald 检验法发现，变量均在通过显著性检验的前提下拒绝原假设，即 $\alpha_1 - \alpha_4$、$\alpha_2 - \alpha_3$、$\alpha_2 - \alpha_4$ 均小于 0。因此，不同优惠政策，即税收优惠政策和财政补贴政策，以及税率型税收优惠政策和税基型税收优惠政策，在促进企业自主创新的作用上存在较大差异。

5.3.3 实证结果及分析

1. 税收优惠政策与财政补贴促进企业自主创新的比较分析

税收优惠政策与财政补贴政策促进企业自主创新的比较即比较税收优惠政策与财政补贴政策促进企业自主创新的作用。如表 5-8 所示，经过标准化之后的变量——实际税率（RTR）及财政补贴强度（SUBSIDYR）均通过显著性检验，且实际税率（RTR）在 5% 水平下通过显著性检验，财政补贴强度（SUBSIDYR）在 1% 水平下通过显著性检验。同时，实际税率（RTR）及财政补贴强度（SUBSIDYR）变量的系数分别为 -0.000 446 和 0.143 558，从而可知，税收优惠政策和财政补贴政策均显著促进企业自主创新投入，同时，财政补贴强度（SUBSIDYR）政策促进企业自主创新投入优于实际税率（RTR）即税收优惠政策。原因在于，财政补贴给企业的激励更加直接，而税收优惠总体上更加隐蔽间接，这表明越直接、越显性的优惠政策促进企业自主创新投入的作用越显著，从而验证了前述假设 2（H_2）。

表 5-8　税收优惠政策和财政补贴促进企业自主创新比较实证检验回归结果

解释变量	被解释变量 RDI：企业研发资金投入占企业营业收入的比例			
	系数	标准误	T 值	Sig 值
CONSTANT	0.169 567 ***	0.022 141	7.658 510	0.000 0
ZRTR	−0.000 446 **	0.000 194	−2.299 265	0.021 6
ZSUBSIDYR	0.143 558 ***	0.009 140	15.706 900	0.000 0
ZROE	−0.047 190 ***	0.006 086	−7.753 281	0.000 0
ZDEBTR	−0.105 755 ***	0.005 008	−21.118 510	0.000 0
ZPROFITR	−0.030 282 ***	0.007 748	−3.908 402	0.000 1
ZSIZE	−0.095 544 ***	0.009 594	−9.958 617	0.000 0
ZCOMPETITION	0.046 885 ***	0.007 685	6.100 871	0.000 0
ZRESEARCHERR	0.383 270 ***	0.009 545	40.154 020	0.000 0
ZAGE	−0.012 416 ***	0.001 163	−10.677 410	0.000 0
ZINTANGIBLEA	0.095 765 ***	0.009 617	9.958 322	0.000 0
INDUSTRY	是	是	是	是
OWN	是	是	是	是
BOARD	是	是	是	是
REGION	是	是	是	是
F 值	618.480 2 ***			
R²	0.735 778			
Obs	744			

注：***、**、*分别表示 $p < 0.01$、$p < 0.05$、$p < 0.1$。

这一结论与主流研究结果存在一定差异。主流观点及实证检验结果显示，税收优惠政策促进企业自主创新的效应优于财政补贴政策，而本书的实证结论是，财政补贴政策促进企业自主创新的效应优于税收优惠政策。主要原因在于，税收优惠是事后进行，同时，有不少企业由于申报程序较为繁琐而没有进行优惠申请，也有不少高新技术企业甚至因为无法获得收益或利润，因此没有考虑激励创新的税收优惠，而财政补贴是事先进行，其作用结果比较直接，因此激励效应更加显著。

2. 不同类型税收优惠政策促进企业自主创新的比较分析

不同类型税收优惠政策促进企业自主创新的比较分析，即比较税率型税收优惠政策和税基型税收优惠政策促进企业自主创新的作用。如表 5－9 所示，经过标准化之后的变量——税收优惠强度（TAXRI）和加计扣除优惠强度（DEDUCTION）均通过显著性检验，且税收优惠强度（TAXRI）在 5% 水平下通过显著性检验，加计扣除优惠强度（DEDUCTION）在 1% 水平下通过显著性检验。同时，税收优惠强度（TAXRI）和加计扣除优惠强度（DEDUCTION）变量的系数分别为 0.010 250 和 0.578 891。从而可知，加计扣除优惠强度（DEDUCTION）即税基型税收优惠政策促进企业自主创新优于税收优惠强度（TAXRI）即税率型税收优惠政策。原因在于，虽然降低税率及增加加计扣除量都较为直接，但相比之下加计扣除给企业带来的优惠更加直接。这表明越直接、越显性的税收优惠类型促进企业自主创新的作用越显著，从而验证了前述假设 3（H_3）。

表 5－9　　不同类型税收优惠政策促进企业自主创新比较实证检验回归结果

解释变量	被解释变量 RDI：企业研发资金投入占企业营业收入的比例			
	系数	标准误	T 值	Sig 值
CONSTANT	0.280 578 ***	0.046 949	5.976 248	0.000 0
ZTAXRI	0.010 250 *	0.005 321	1.926 241	0.054 2
ZDEDUCTION	0.578 891 ***	0.011 814	49.002 020	0.000 0
ZROE	− 0.197 652 ***	0.008 524	− 23.187 600	0.000 0
ZDEBTR	− 0.143 039 ***	0.005 349	− 26.739 070	0.000 0
ZPROFITR	0.056 244 ***	0.014 439	3.895 309	0.000 1
ZSIZE	0.014 957 **	0.007 365	2.030 827	0.042 4
ZCOMPETITION	− 0.052 412 ***	0.007 984	− 6.564 928	0.000 0
ZRESEARCHERR	0.194 093 ***	0.007 194	26.978 260	0.000 0
ZAGE	− 0.008 246 ***	0.001 124	− 7.333 576	0.000 0
ZINTANGIBLEA	0.119 075 ***	0.007 296	16.320 580	0.000 0

续表

解释变量	被解释变量 RDI：企业研发资金投入占企业营业收入的比例			
	系数	标准误	T 值	Sig 值
INDUSTRY	是	是	是	是
OWN	是	是	是	是
BOARD	是	是	是	是
REGION	是	是	是	是
F 值	744.356 5 ***			
R^2	0.876 131			
Obs	744			

注：***、**、* 分别表示 $p < 0.01$、$p < 0.05$、$p < 0.1$。

5.4　税收优惠政策促进不同特征企业自主创新比较分析

税收优惠政策促进不同特征企业自主创新的比较。分析内容上，指在考察总体税收优惠和各类税收优惠（包括税率型税收优惠和税基型税收优惠）及财政补贴政策促进不同行业企业、不同所有制企业、不同发展阶段企业以及不同地区企业自主创新的情况。分析模型上，在构建的总体模型即式（5-1）基础上，为分析不同类型优惠政策促进企业自主创新的行业差异、所有制差异、发展阶段差异及地区差异，同时，为保证模型的简洁性，每次只加入某类优惠政策与企业不同类别的交互项，如式（5-5）所示，当分析税收优惠政策总体促进不同行业企业自主创新的差异时，就在模型中加入总体税收优惠政策即实际税率（RTR）变量与不同行业企业的交互项（分析其他优惠政策时以此类推），以分别考察这些政策的行业、所有制、地区和板块的异质性。分析方法上，对固定效应和随机效应的处理方法仍然使用5.2.2所述方法，即固定效应的处理一般为虚拟变量法和差分法等。本模型的自变量设定中，就引入了不同类别企业的虚拟变量，考虑了不同类别企业的影响，因而有效地处理了固定效应。随机效应的处理为广义最小二乘法（GLS）。本模型随机效应的处理采用横截面个体加权广义最小二乘法

（Panel EGLS），时期的异方差处理采用怀特（White）稳健估计量校正参数估计量的标准误。

$$
\begin{aligned}
RDI_{it} = {} & \alpha_0 + \alpha_1 RTR_{it} + \alpha_2 RTR_{it} \times INDUSTRY1_{it} + \alpha_3 RTR_{it} \times \\
& INDUSTRY2_{it} + \alpha_4 RTR_{it} \times INDUSTRY3_{it} + \\
& \alpha_5 TAXRI_{it} + \alpha_6 DEDUCTION_{it} + \alpha_7 SUBSIDYR_{it} + \\
& \alpha_8 ROE_{it} + \alpha_9 DEBTR_{it} + \alpha_{10} PROFITR_{it} + \\
& \alpha_{11} SIZE_{it} + \alpha_{12} COMPETITION_{it} + \\
& \alpha_{13} RESEARCHERR_{it} + \alpha_{14} AGE_{it} + \\
& \alpha_{15} INTANGIBLEA_{it} + \alpha_{16} INDUSTRY1_{it} + \\
& \alpha_{17} INDUSTRY2_{it} + \alpha_{18} INDUSTRY3_{it} + \\
& \alpha_{19} OWN1_{it} + \alpha_{20} OWN2_{it} + \alpha_{21} OWN3_{it} + \\
& \alpha_{22} BOARD1_{it} + \alpha_{23} BOARD2_{it} + \\
& \alpha_{24} REGION1_{it} + \alpha_{25} REGION2_{it} + \\
& \alpha_{26} REGION_{it} + \delta_{it}
\end{aligned}
\tag{5-5}
$$

5.4.1 税收优惠政策促进不同行业企业自主创新分析

1. 描述性统计分析

不同行业样本企业因变量研发投入强度（RDI）指标，以及核心自变量总体税收优惠即实际税率（RTR）、税收优惠强度（TAXRI）、加计扣除优惠强度（DEDUCTION）及财政补贴强度（SUBSIDYR）五个指标的描述性统计结果，即其平均值及标准差见表5-10。描述性统计数据显示，在被归集的四个不同行业（制造业、信息传输业、建筑业和其他行业）中，研发投入强度最大的为信息传输业，研发投入平均值达8.36%，其次是制造业；总体税收优惠即实际税率最高的也为信息传输业，平均值达0.21%，其次也是制造业；税收优惠强度和加计扣除优惠强度最大的也都是信息传输业，其次分别为其他行业（含科技服务业）和制造业；财政补贴强度占比最大的也为信息传输业，其次为制造业。

表 5 - 10　　　　　　　不同行业企业样本分布、因变量、核心自变量等指标

指标	制造业	信息传输业	建筑业	其他行业（含科技服务业）
N	641	48	13	42
RDI	5. 190（3. 960）	8. 360（5. 670）	4. 270（2. 020）	2. 990（2. 410）
RTR	0. 200（4. 850）	0. 210（0. 740）	0. 090（0. 100）	0. 130（0. 160）
TAXRI	0. 003（0. 003）	0. 005（0. 005）	0. 005（0. 004）	0. 003（0. 003）
DEDUCTION	0. 006（0. 005）	0. 009（0. 005）	0. 005（0. 003）	0. 004（0. 003）
SUBSIDYR	15. 550（9. 64）	29. 290（14. 53）	13. 920（8. 90）	15. 240（10. 75）

注：表中显示的数据为变量平均值，括号里的为变量标准差。

2. 回归结果分析

分析优惠政策促进不同行业企业自主创新的情况，也即分析总体税收优惠即实际税率（RTR）、税收优惠强度（TAXRI）、加计扣除优惠强度（DEDUCTION）及财政补贴强度（SUBSIDYR）等促进不同行业企业自主创新的情况，各变量具体回归结果分析报告见表 5 - 11 至表 5 - 14。在分析各变量促进不同行业企业自主创新时，均以其他行业（含科技服务业）为参照行业，同时，当分析某一变量时，就引入该变量与各行业的交互项，以便对比该变量即该种优惠促进不同行业企业自主创新的作用差异。

（1）总体税收优惠回归结果分析。将其他行业（含科技服务业）作为参照，引入总体税收优惠即实际税率（RTR）变量与制造业、信息传输业和建筑业的交互项，其回归结果见表 5 - 11。其他行业（含科技服务业）和制造业均在 1% 水平下通过显著性检验，信息传输业和建筑业没有通过显著性检验，且制造业在通过显著性检验的前提下，系数为负，制造业的系数绝对值比科技服务业的绝对值更大。这表明与制造业、信息传输业和建筑业相比，总体税收优惠政策即实际税率（RTR）促进其他行业（含科技服务业）企业自主创新的效用更好，制造业次之，促进信息传输业和建筑业企业自主创新的效果不明显。这是因为科技服务业普遍是中小企业，其对税收优惠更敏感，而制造业正在转型升级，本来就需要加快创新步伐，当遇上适当的税收优惠就更有创新的积极性。信息传输业本就是随时创新的行业，不创新就会被淘汰。建筑业属劳动密集型行业，其对创新的要求偏弱，而且其较长期被列入暴利行业，说明其

竞争性较弱，所以其创新的动力较弱，因此信息传输业和建筑业对税收优惠的敏感度较弱。

表 5 - 11　　　　　总体税收优惠促进不同行业企业自主创新回归结果

解释变量	被解释变量 RDI：企业研发资金投入占企业营业收入的比例			
	系数	标准误	T 值	Sig 值
CONSTANT	5.737 189 ***	0.276 478	20.750 970	0.000 0
RTR	-1.069 118 ***	0.343 926	3.108 571	0.001 9
RTR × INDUSTRY1	-1.071 148 ***	0.343 897	-3.114 737	0.001 9
RTR × INDUSTRY2	0.181 246	0.381 060	0.475 637	0.634 4
RTR × INDUSTRY3	-0.499 342	0.755 803	-0.660 678	0.508 9
RTR × INDUSTRY4	—	—	—	—
ROE	-2.097 788 ***	0.249 973	-8.392 062	0.000 0
DEBTR	-2.303 330 ***	0.136 148	-16.917 840	0.000 0
PROFITR	-0.099 307 ***	0.035 463	-2.800 293	0.005 2
SIZE	-0.433 287 ***	0.035 448	-12.223 230	0.000 0
COMPETITION	0.395 382 ***	0.088 139	4.485 910	0.000 0
RESEARCHERR	0.146 259 ***	0.003 339	43.800 330	0.000 0
AGE	-0.048 516 ***	0.004 342	-11.174 620	0.000 0
INTANGIBLEA	0.333 651 ***	0.026 871	12.416 810	0.000 0
INDUSTRY1	1.528 739 ***	0.087 940	17.383 850	0.000 0
INDUSTRY2	2.183 018 ***	0.232 521	9.388 460	0.000 0
INDUSTRY3	0.461 400 ***	0.152 888	3.017 895	0.002 6
INDUSTRY4	—	—	—	—
OWN	是	是	是	是
BOARD	是	是	是	是
REGION	是	是	是	是
F 值	370.034 9 ***			
R²	0.794 007			
Obs	744			

注：***、**、* 分别表示 $p < 0.01$、$p < 0.05$、$p < 0.1$。

（2）税率型税收优惠政策回归结果分析。将其他行业（含科技服务业）

作为参照，引入税收优惠强度（TAXRI）变量与制造业、信息传输业和建筑业的交互项，其回归结果见表 5 - 12。其他行业（含科技服务业）和制造业在 1% 水平下通过显著性检验，信息传输业和建筑业没有通过显著性检验，且制造业在通过显著性检验的前提下，系数为负。这表明与制造业、信息传输业和建筑业对比，税率型税收优惠政策即税收优惠强度（TAXRI）促进其他行业（含科技服务业）企业自主创新的效应更好。这与总体税收优惠促进企业自主创新效用的行业异质性是一致的。

表 5 - 12　　　　税率型税收优惠政策促进不同行业企业自主创新回归结果

解释变量	被解释变量 RDI：企业研发资金投入占企业营业收入的比例			
	系数	标准误	T 值	Sig 值
CONSTANT	5. 779 325 ***	0. 269 764	21. 423 620	0. 000 0
TAXRI	0. 750 834 ***	0. 156 278	4. 804 488	0. 000 0
TAXRI × INDUSTRY1	- 0. 558 694 ***	0. 173 623	- 3. 217 847	0. 001 3
TAXRI × INDUSTRY2	- 0. 097 941	0. 833 376	- 0. 117 524	0. 906 5
TAXRI × INDUSTRY3	- 1. 033 255	1. 346 408	- 0. 767 416	0. 442 9
TAXRI × INDUSTRY4	—	—	—	—
ROE	- 2. 138 180 ***	0. 245 422	- 8. 712 263	0. 000 0
DEBTR	- 2. 325 446 ***	0. 130 015	- 17. 885 930	0. 000 0
PROFITR	- 0. 098 518 ***	0. 034 863	- 2. 825 886	0. 004 8
SIZE	- 0. 442 302 ***	0. 034 189	- 12. 937 080	0. 000 0
COMPETITION	0. 395 077 ***	0. 086 094	4. 588 913	0. 000 0
RESEARCHERR	0. 147 058 ***	0. 003 216	45. 733 15	0. 000 0
AGE	- 0. 049 296 ***	0. 004 354	- 11. 321 360	0. 000 0
INTANGIBLEA	0. 350 454 ***	0. 025 628	13. 674 420	0. 000 0
INDUSTRY1	1. 473 511 ***	0. 083 980	17. 545 940	0. 000 0
INDUSTRY2	2. 368 319 ***	0. 261 495	9. 056 849	0. 000 0
INDUSTRY3	0. 475 081 ***	0. 161 097	2. 949 047	0. 003 2
INDUSTRY4	—	—	—	—
OWN	是	是	是	是
BOARD	是	是	是	是

解释变量	被解释变量 RDI：企业研发资金投入占企业营业收入的比例			
	系数	标准误	T 值	Sig 值
REGION	是	是	是	是
F 值	357. 702 5 ***			
R^2	0. 788 408			
Obs	744			

注：*** 、** 、* 分别表示 $p < 0.01$、$p < 0.05$、$p < 0.1$。

（3）税基型税收优惠政策回归结果分析。将其他行业（含科技服务业）作为参照，引入加计扣除优惠强度（DEDUCTION）变量与制造业、信息传输业和建筑业的交互项，其回归结果见表 5 - 13。其他行业（含科技服务业）和制造业均在 1% 水平下通过显著性检验，建筑业和信息传输业没有通过显著性检验，且制造业在通过显著性检验的前提下，系数为负。这表明与制造业、信息传输业和建筑业对比，税基型税收优惠政策即加计扣除优惠强度（DEDUCTION）促进其他行业（含科技服务业）企业自主创新的效应更好。

表 5 - 13　　　税基型税收优惠政策促进不同行业企业自主创新回归结果

解释变量	被解释变量 RDI：企业研发资金投入占企业营业收入的比例			
	系数	标准误	T 值	Sig 值
CONSTANT	0. 321 644	0. 319 599	1. 006 396	0. 314 3
DEDUCTION	515. 465 900 ***	34. 866 700	14. 783 900	0. 000 0
DEDUCTION × INDUSTRY1	− 264. 633 800 ***	79. 268 620	− 3. 338 443	0. 000 9
DEDUCTION × INDUSTRY2	71. 151 010	49. 056 000	1. 450 404	0. 147 1
DEDUCTION × INDUSTRY3	− 26. 103 250	34. 225 640	− 0. 762 681	0. 445 7
DEDUCTION × INDUSTRY4	—	—	—	—
ROE	− 7. 512 240 ***	0. 340 151	− 22. 085 040	0. 000 0
DEBTR	− 3. 292 944 ***	0. 125 989	− 26. 136 800	0. 000 0
PROFITR	0. 231 643 ***	0. 059 783	3. 874 731	0. 000 1
SIZE	0. 063 455 **	0. 025 892	2. 450 704	0. 014 3
COMPETITION	− 0. 504 787 ***	0. 077 167	− 6. 541 489	0. 000 0

解释变量	被解释变量 RDI：企业研发资金投入占企业营业收入的比例			
	系数	标准误	T 值	Sig 值
RESEARCHERR	0. 075 094 ***	0. 002 820	26. 624 250	0. 000 0
AGE	− 0. 033 801 ***	0. 004 674	− 7. 231 953	0. 000 0
INTANGIBLEA	0. 302 891 ***	0. 019 666	15. 401 850	0. 000 0
INDUSTRY1	0. 683 175 ***	0. 125 935	5. 424 815	0. 000 0
INDUSTRY2	0. 491 777 *	0. 274 303	1. 792 829	0. 073 1
INDUSTRY3	1. 912 005 ***	0. 493 993	3. 870 510	0. 000 1
INDUSTRY4	—	—	—	—
OWN	是	是	是	是
BOARD	是	是	是	是
REGION	是	是	是	是
F 值	681. 217 4 ***			
R^2	0. 876 482			
Obs	744			

注：*** 、** 、* 分别表示 $p < 0.01$、$p < 0.05$、$p < 0.1$。

（4）财政补贴政策回归结果分析。将其他行业（含科技服务业）作为参照，引入财政补贴强度（SUBSIDYR）变量与制造业、信息传输业和建筑业的交互项，其回归结果见表 5 - 14。其他行业（含科技服务业）、制造业和信息传输业均在 1% 水平下通过显著性检验，建筑业没有通过显著性检验，制造业和信息传输业在通过显著性检验的前提下，系数为正且大于科技服务业的系数，这表明与制造业和信息传输业相比，财政补贴强度（SUBSIDYR）促进其他行业（含科技服务业）企业自主创新的效应更差。财政补贴政策促进信息传输业企业自主创新的效应最佳，其次是制造业企业，再次是科技服务业企业，而对促进建筑业企业自主创新的效应不明显。这是因为制造业和信息传输业投资量都较大，回报期都较长，如果政府对其进行较大额度的补贴，则会促进其加速创新，加速高质量发展。

表 5 - 14　　　　　　财政补贴政策促进不同行业企业自主创新回归结果

解释变量	被解释变量 RDI：企业研发资金投入占企业营业收入的比例			
	系数	标准误	T 值	Sig 值
CONSTANT	5. 851 625	0. 286 980	20. 390 390	0. 000 0
SUBSIDYR	13. 582 620 ***	30. 823 020	− 0. 440 665	0. 009 5
SUBSIDYR × INDUSTRY1	89. 729 970 ***	31. 571 390	2. 842 129	0. 004 5
SUBSIDYR × INDUSTRY2	119. 617 600 ***	33. 865 010	3. 532 189	0. 000 4
SUBSIDYR × INDUSTRY3	26. 522 990	34. 422 860	0. 770 505	0. 441 1
SUBSIDYR × INDUSTRY4	—	—	—	—
ROE	− 1. 608 223 ***	0. 255 859	− 6. 285 578	0. 000 0
DEBTR	− 1. 899 151 ***	0. 143 975	− 13. 190 870	0. 000 0
PROFITR	− 0. 121 106 ***	0. 030 150	− 4. 016 848	0. 000 1
SIZE	− 0. 401 070 ***	0. 030 125	− 13. 313 410	0. 000 0
COMPETITION	0. 463 788 ***	0. 077 021	6. 021 591	0. 000 0
RESEARCHERR	0. 139 757 ***	0. 003 281	42. 593 580	0. 000 0
AGE	− 0. 050 330 ***	0. 004 414	− 11. 401 690	0. 000 0
INTANGIBLEA	0. 284 480 ***	0. 023 725	11. 990 770	0. 000 0
INDUSTRY1	1. 144 403 ***	0. 100 979	11. 333 070	0. 000 0
INDUSTRY2	1. 870 229 ***	0. 245 707	7. 611 613	0. 000 0
INDUSTRY3	0. 383 643 ***	0. 144 838	2. 648 771	0. 008 1
INDUSTRY4	—	—	—	—
OWN	是	是	是	是
BOARD	是	是	是	是
REGION	是	是	是	是
F 值	453. 605 6 ***			
R²	0. 825 329			
Obs	744			

注：*** 、** 、* 分别表示 $p < 0.01$、$p < 0.05$、$p < 0.1$。

5.4.2 税收优惠政策促进不同所有制企业自主创新分析

1. 描述性统计分析

不同所有权性质样本企业因变量研发投入强度（RDI）指标，以及核心自变量总体税收优惠即实际税率（RTR）、税收优惠强度（TAXRI）、加计扣除优惠强度（DEDUCTION）及财政补贴强度（SUBSIDYR）五个指标的描述性统计结果，即其平均值及标准差表5－15。描述性统计数据显示，在被归集的四个不同所有权性质（中央国有企业、地方国有企业、民营企业和其他企业）企业中，研发投入强度最大的为其他所有权性质企业（包括公众企业、外资企业和集体企业等），研发投入强度平均值达6.39%，其次是中央国有企业。实际税率最高的为地方国有企业，平均值达1.14%，其次是民营企业。税收优惠强度和加计扣除优惠强度最大的都是其他所有权性质企业（包括公众企业、外资企业和集体企业等），其次都为民营企业。财政补贴占比最大的也为其他所有权性质企业（包括公众企业、外资企业和集体企业等），其次为民营企业。

表5－15　　　　不同所有权性质企业样本分布、因变量、核心自变量等指标

指标	中央国有企业	地方国有企业	民营企业	其他企业
N	64	68	551	61
RDI	5.370（4.620）	3.970（4.520）	5.260（3.650）	6.390（6.160）
RTR	0.080（0.090）	1.140（14.810）	0.100（0.370）	0.090（0.450）
TAXRI	0.003（0.002）	0.002（0.003）	0.004（0.003）	0.004（0.004）
DEDUCTION	0.006（0.004）	0.005（0.004）	0.006（0.005）	0.007（0.005）
SUBSIDYR	15.970（11.72）	11.990（8.55）	16.700（10.45）	18.170（11.98）

注：表中显示的数据为变量平均值，括号里的为变量标准差。

2. 回归结果分析

分析税收优惠政策促进不同所有权性质企业自主创新的情况，也就是分析总体税收优惠即实际税率（RTR）、税收优惠强度（TAXRI）、加计扣除优惠强度（DEDUCTION）及财政补贴强度（SUBSIDYR）等促进不同所有权性质企业自主创新的情况，各变量具体回归结果分析报告见表5－16至表5－19。在分析各变量促进不同所有权性质企业自主创新时，均以其他所有权性质企业（包括公众企业、外资企业和集体企业等）为参照，同时，当分析某一变量时，就引入该变量与各所有权性质企业的交互项，以便对比该变量即该种优惠政策促进不同所有权性质企业自主创新的效应。

（1）税额型税收优惠政策回归结果分析。将其他所有权性质企业（包括公众企业、外资企业和集体企业等）作为参照，引入总体税收优惠即实际税率（RTR）变量与中央国有企业、地方国有企业和民营企业的交互项，其回归结果见表5-16。其他所有权性质企业（包括公众企业、外资企业和集体企业等）、地方国有企业和民营企业均在1%水平下通过显著性检验，系数为负，且系数的绝对值从小到大依次为民营企业、其他企业和地方国有企业，中央国有企业没有通过显著性检验。这表明与中央国有企业相比，总体税收优惠即实际税率（RTR）促进其他所有权性质企业（包括公众企业、外资企业和集体企业等）、地方国有企业和民营企业自主创新的效应更强，促进效果最明显的是民营企业，其次是其他企业，再次是地方国有企业，而对促进中央国有企业自主创新效应不够明显。这是因为民营企业面临的竞争更加激烈，其自有资本基础相对薄弱，但又不得不为在激烈的竞争中立于不败之地而加强创新力度，在此背景下，当给予其税收优惠支持时，其效果将很明显。其他所有权性质的企业都是较为独特的企业，其创新意愿也会较强，所以对优惠政策的激励也较为敏感。而国有企业，尤其是中央国有企业，其基本是关系国计民生的领域或行业，其本身资本就较为雄厚，所以对优惠政策激励就较为不敏感。

表5-16　　　　　总体税收优惠促进不同所有制企业自主创新回归结果

解释变量	被解释变量 RDI：企业研发资金投入占企业营业收入的比例			
	系数	标准误	T 值	Sig 值
CONSTANT	5. 752 084 ***	0. 263 309	21. 845 360	0. 000 0
RTR	− 0. 259 454 ***	0. 073 503	3. 529 868	0. 000 4
RTR × OWN1	− 1. 372 663	1. 087 888	− 1. 261 769	0. 207 2
RTR × OWN2	− 0. 261 729 ***	0. 073 468	− 3. 562 482	0. 000 4
RTR × OWN3	− 0. 238 267 ***	0. 191 737	1. 242 675	0. 004 1
RTR × OWN4	—	—	—	—
ROE	− 2. 018 012 ***	0. 257 766	− 7. 828 851	0. 000 0
DEBTR	− 2. 396 585 ***	0. 128 045	− 18. 716 770	0. 000 0
PROFITR	− 0. 101 026 ***	0. 034 004	− 2. 970 984	0. 003 0
SIZE	− 0. 431 155 ***	0. 032 760	− 13. 160 920	0. 000 0

解释变量	被解释变量 RDI：企业研发资金投入占企业营业收入的比例			
	系数	标准误	T 值	Sig 值
COMPETITION	0.403 578 ***	0.083 952	4.807 227	0.000 0
RESEARCHERR	0.146 854 ***	0.003 213	45.702 800	0.000 0
AGE	−0.047 792 ***	0.004 241	−11.269 030	0.000 0
INTANGIBLEA	0.335 491 ***	0.025 095	13.368 760	0.000 0
OWN1	0.300 692 **	0.142 316	2.112 837	0.034 7
OWN2	−0.741 906 ***	0.115 204	−6.439 945	0.000 0
OWN3	−0.875 424 ***	0.095 325	−9.183 610	0.000 0
OWN4	—	—	—	—
INDUSTRY	是	是	是	是
BOARD	是	是	是	是
REGION	是	是	是	是
F 值	386.503 5 ***			
R²	0.801 038			
Obs	744			

注：*** 、 ** 、 * 分别表示 $p < 0.01$、$p < 0.05$、$p < 0.1$。

（2）税率型税收优惠政策回归结果分析。将其他所有权性质企业（包括公众企业、外资企业和集体企业等）作为参照，引入税收优惠强度（TAXRI）变量与中央国有企业、地方国有企业和民营企业的交互项，其回归结果见表 5 - 17。其他所有权性质企业（包括公众企业、外资企业和集体企业等）、中央国有企业和地方国有企业均在 1% 水平下通过显著性检验，但其他企业系数为正，中央国有企业和地方国有企业系数为负，且地方国有企业系数的绝对值小于中央国有企业系数的绝对值；民营企业在 5% 水平下通过显著性检验。这表明与民营企业相比，税率型税收优惠政策即税收优惠强度（TAXRI）促进其他所有权性质企业（包括公众企业、外资企业和集体企业等）自主创新的作用更弱，而与中央国有企业、地方国有企业相比其促进作用更强，促进作用最佳的是民营企业，其次是其他企业，再次是地方国有企业，最后是中央国有企业。

表 5 – 17　　　　税率型税收优惠政策促进不同所有制企业自主创新回归结果

解释变量	被解释变量 RDI：企业研发资金投入占企业营业收入的比例			
	系数	标准误	T 值	Sig 值
CONSTANT	5.731 180 ***	0.273 980	20.918 210	0.000 0
TAXRI	0.532 800 ***	0.256 735	3.633 317	0.000 3
TAXRI × OWN1	– 3.724 278 ***	1.200 152	– 3.103 172	0.001 9
TAXRI × OWN2	– 0.838 035 ***	0.263 601	– 3.179 180	0.001 5
TAXRI × OWN3	0.934 620 **	0.341 431	– 1.565 822	0.017 5
TAXRI × OWN4	—	—	—	—
ROE	– 2.016 902 ***	0.257 402	– 7.835 608	0.000 0
DEBTR	– 2.384 672 ***	0.133 650	– 17.842 700	0.000 0
PROFITR	– 0.095 112 ***	0.033 085	– 2.874 800	0.004 1
SIZE	– 0.432 420 ***	0.033 642	– 12.853 630	0.000 0
COMPETITION	0.384 745 ***	0.082 236	4.678 555	0.000 0
RESEARCHERR	0.147 192 ***	0.003 354	43.882 340	0.000 0
AGE	– 0.046 896 ***	0.004 163	– 11.265 540	0.000 0
INTANGIBLEA	0.335 865 ***	0.025 406	13.219 780	0.000 0
OWN1	0.411 926 ***	0.130 921	3.146 371	0.001 7
0WN2	– 0.745 169 ***	0.113 111	– 6.587 942	0.000 0
0WN3	– 0.842 147 ***	0.094 240	– 8.936 149	0.000 0
0WN4	—	—	—	—
INDUSTRY	是	是	是	是
BOARD	是	是	是	是
REGION	是	是	是	是
F 值	385.309 0 ***			
R²	0.800 544			
Obs	744			

注：***、**、* 分别表示 $p < 0.01$、$p < 0.05$、$p < 0.1$。

（3）税基型税收优惠政策回归结果分析。将其他所有权性质企业（包括公众企业、外资企业和集体企业等）作为参照，引入加计扣除优惠强度（DE-DUCTION）变量与中央国有企业、地方国有企业和民营企业的交互项，其回归结果见表 5-18。其他所有权性质企业（包括公众企业、外资企业和集体企业等）、地方国有企业和民营企业均在 1% 水平下通过显著性检验，中央国有企业在 5% 水平下通过显著性检验，其系数分别为 619.680 300、196.265 900、164.007 300 和 92.543 850。这表明与中央国有企业、地方国有企业和民营企业相比，税基型税收优惠政策即加计扣除优惠强度（DEDUCTION）促进其他所有权性质企业（包括公众企业、外资企业和集体企业等）自主创新的作用最强，其次是地方国有企业，再次是民营企业，最后是中央国有企业。

表 5-18　　　税基型税收优惠政策促进不同所有制企业自主创新回归结果

解释变量	被解释变量 RDI：企业研发资金投入占企业营业收入的比例			
	系数	标准误	T 值	Sig 值
CONSTANT	-0.708 680 **	0.314 087	-2.256 318	0.024 1
DEDUCTION	619.680 300 ***	31.085 750	19.934 550	0.000 0
DEDUCTION × OWN1	92.543 850 **	38.845 180	2.382 377	0.017 3
DEDUCTION × OWN2	196.265 900 ***	38.728 360	5.067 757	0.000 0
DEDUCTION × OWN3	164.007 300 ***	31.399 230	-5.223 290	0.000 0
DEDUCTION × OWN4	—	—	—	—
ROE	-7.380 382 ***	0.334 223	-22.082 230	0.000 0
DEBTR	-3.131 177 ***	0.112 417	-27.853 140	0.000 0
PROFITR	0.259 871 ***	0.051 496	5.046 426	0.000 0
SIZE	0.061 561 **	0.027 562	2.233 531	0.025 6
COMPETITION	-0.508 031 ***	0.064 614	-7.862 560	0.000 0
RESEARCHERR	0.074 325 ***	0.002 237	33.221 940	0.000 0
AGE	-0.033 196 ***	0.004 781	-6.943 709	0.000 0
INTANGIBLEA	0.334 893 ***	0.023 595	14.193 130	0.000 0
OWN1	-0.926 442 ***	0.189 548	-4.887 636	0.000 0
OWN2	-1.130 196 ***	0.183 319	-6.165 175	0.000 0
OWN3	0.755 512 ***	0.171 479	4.405 848	0.000 0
OWN4	—	—	—	—
INDUSTRY	是	是	是	是
BOARD	是	是	是	是

续表

解释变量	被解释变量 RDI：企业研发资金投入占企业营业收入的比例			
	系数	标准误	T 值	Sig 值
REGION	是	是	是	是
F 值	840. 114 7 ***			
R^2	0. 897 448			
Obs	744			

注：*** 、** 、* 分别表示 $p < 0.01$、$p < 0.05$、$p < 0.1$。

（4）财政补贴政策回归结果分析。将其他所有权性质企业（包括公众企业、外资企业和集体企业等）作为参照，引入财政补贴强度（SUBSIDYR）变量与中央国有企业、地方国有企业和民营企业的交互项，其回归结果见表 5 - 19。其他所有权性质企业（包括公众企业、外资企业和集体企业等）和民营企业均在 1% 水平下通过显著性检验，系数分别为 196. 744 300 和 214. 086 700，中央国有企业在 5% 水平下通过显著性检验，系数为 - 85. 173 200，地方国有企业没有通过显著性检验。这表明与中央国有企业、地方国有企业和其他所有权性质企业（包括公众企业、外资企业和集体企业等）相比，财政补贴强度（SUBSIDYR）促进民营企业自主创新的作用最强，其次是其他所有权性质企业（包括公众企业、外资企业和集体企业等），再次是中央国有企业，财政补贴强度对地方国有企业自主创新的促进效应不显著。

表 5 - 19　　　　　财政补贴政策促进不同所有制企业自主创新回归结果

解释变量	被解释变量 RDI：企业研发资金投入占企业营业收入的比例			
	系数	标准误	T 值	Sig 值
CONSTANT	5. 206 095 ***	0. 282 255	18. 444 660	0. 000 0
SUBSIDYR	196. 744 300 ***	23. 162 310	8. 494 159	0. 000 0
SUBSIDYR × OWN1	- 85. 173 200 **	33. 403 370	- 2. 549 838	0. 010 8
SUBSIDYR × OWN2	- 23. 326 550	37. 225 080	- 0. 626 635	0. 531 0
SUBSIDYR × OWN3	214. 086 700 ***	23. 558 700	- 6. 158 517	0. 000 0
SUBSIDYR × OWN4	—	—	—	—
ROE	- 1. 665 458 ***	0. 220 749	- 7. 544 560	0. 000 0
DEBTR	- 1. 984 347 ***	0. 139 368	- 14. 238 140	0. 000 0

续表

解释变量	被解释变量 RDI：企业研发资金投入占企业营业收入的比例			
	系数	标准误	T 值	Sig 值
PROFITR	− 0. 071 742 **	0. 031 693	− 2. 263 665	0. 023 7
SIZE	− 0. 418 325 ***	0. 022 899	− 18. 267 990	0. 000 0
COMPETITION	0. 326 279 ***	0. 082 184	3. 970 091	0. 000 1
RESEARCHERR	0. 140 230 ***	0. 002 066	67. 882 850	0. 000 0
AGE	− 0. 045 509 ***	0. 004 815	− 9. 450 609	0. 000 0
INTANGIBLEA	0. 297 407 ***	0. 018 060	16. 467 760	0. 000 0
OWN1	0. 628 135 ***	0. 142 860	4. 396 861	0. 000 0
OWN2	− 0. 384 729 ***	0. 146 889	− 2. 619 192	0. 008 9
OWN3	− 0. 052 834	0. 129 180	− 0. 408 996	0. 682 6
OWN4	—	—	—	—
INDUSTRY	是	是	是	是
BOARD	是	是	是	是
REGION	是	是	是	是
F 值	993. 218 1 ***			
R^2	0. 911 863			
Obs	744			

注：*** 、** 、* 分别表示 $p < 0.01$、$p < 0.05$、$p < 0.1$。

5.4.3　税收优惠政策促进不同发展阶段企业自主创新分析

1. 描述性统计分析

不同发展阶段企业因变量研发投入强度（RDI）指标，以及核心变量总体税收优惠即实际税率（RTR）、税收优惠强度（TAXRI）、加计扣除优惠强度（DEDUCTION）及财政补贴强度（SUBSIDYR）五个指标的描述性统计结果，即其平均值及标准差见表 5 - 20。描述性统计数据显示，在三个不同发展阶段即不同证券板块（主板企业、中小板企业和创业板企业）样本企业中，研发投入强度最大的为创业板企业，平均值达 6.31%，其次是中小板企业。实际税率最高的也为创业板企业，平均值达 0.36%，其次也是中小板企业。税收优惠强度和加计扣除优惠强度最大的也都是创业板企业，其次也都为中小板企业。财政补贴强度（SUBSIDYR）占比最大的也为创业板企业，其次为中小板企业。

表 5 - 20   不同证券板块企业样本分布、因变量、核心自变量等指标

指标	主板企业	中小板企业	创业板企业
N	231	225	288
RDI	4.050 (2.870)	5.100 (4.230)	6.310 (4.560)
RTR	0.090 (0.260)	0.100 (0.490)	0.360 (7.240)
TAXRI	0.003 (0.003)	0.003 (0.003)	0.004 (0.004)
DEDUCTION	0.006 (0.006)	0.006 (0.004)	0.007 (0.005)
SUBSIDYR	11.310 (7.75)	15.100 (9.16)	21.300 (11.50)

注：表中显示的数据为变量平均值，括号里的为变量标准差。

2. 回归结果分析

分析税收优惠政策促进不同发展阶段企业自主创新的情况，也就是分析总体税收优惠即实际税率（RTR）、税收优惠强度（TAXRI）、加计扣除优惠强度（DEDUCTION）及财政补贴强度（SUBSIDYR）等促进不同发展阶段企业自主创新的情况，各变量具体回归结果分析报告见表 5 - 21 至表 5 - 24。在分析各变量促进不同发展阶段企业自主创新时，均以创业板企业为参照，同时，当分析某一变量时，就引入该变量与各不同发展阶段企业的交互项，以便对比该变量即该种优惠政策促进不同发展阶段即不同板块企业自主创新的作用。

（1）体税收优惠回归结果分析。将创业板企业作为参照，引入总体税收优惠即实际税率（RTR）变量与主板企业和中小板企业的交互项，其回归结果见表 5 - 21。创业板企业在 1% 水平下通过显著性检验，中小板企业在 5% 水平下通过显著性检验，主板企业未通过显著性检验。这表明与主板企业和中小板企业相比，总体税收优惠即实际税率（RTR）促进不同发展阶段企业的自主创新最显著的为创业板企业，其次是中小板企业，促进主板企业自主创新的效应不显著。这是因为创业板企业进行创新的活力最强，对于致力于不断创新发展的企业遇到税收优惠激励时，其创新意愿就更强。而中小板企业也如此，只是其敏感性弱于创业板企业。主板企业大多数为大型企业或者国有企业，其创新活动受税收优惠激励的影响较小。

表 5 – 21　　　　　　总体税收优惠促进不同发展阶段企业自主创新回归结果

解释变量	被解释变量 RDI：企业研发资金投入占企业营业收入的比例			
	系数	标准误	T 值	Sig 值
CONSTANT	5. 886 472 ***	0. 278 811	21. 112 790	0. 000 0
RTR	− 0. 002 038 ***	0. 000 492	− 4. 143 448	0. 000 0
RTR × BOARD1	− 0. 088 685	0. 076 180	− 1. 164 148	0. 244 5
RTR × BOARD2	− 0. 055 305 **	0. 153 339	0. 360 668	0. 018 4
RTR × BOARD3	—	—	—	—
ROE	− 2. 186 951 ***	0. 252 960	− 8. 645 446	0. 000 0
DEBTR	− 2. 292 804 ***	0. 127 211	− 18. 023 620	0. 000 0
PROFITR	− 0. 099 234 ***	0. 033 239	− 2. 985 496	0. 002 9
SIZE	− 0. 446 262 ***	0. 034 308	− 13. 007 400	0. 000 0
COMPETITION	0. 403 887 ***	0. 083 898	4. 814 001	0. 000 0
RESEARCHERR	0. 147 869 ***	0. 003 333	44. 362 660	0. 000 0
AGE	− 0. 048 238 ***	0. 004 328	− 11. 145 610	0. 000 0
INTANGIBLEA	0. 345 278 ***	0. 025 071	13. 771 850	0. 000 0
BOARD1	− 0. 323 184 ***	0. 055 473	− 5. 825 986	0. 000 0
BOARD2	− 0. 137 613 **	0. 056 631	− 2. 429 979	0. 015 2
BOARD3	—	—	—	—
INDUSTRY	是	是	是	是
OWN	是	是	是	是
REGION	是	是	是	是
F 值	372. 754 1 ***			
R^2	0. 787 792			
Obs	744			

注：*** 、 ** 、 * 分别表示 $p < 0.01$、$p < 0.05$、$p < 0.1$。

（2）税率型税收优惠政策回归结果分析。将创业板企业作为参照，引入税收优惠强度（TAXRI）变量与主板企业和中小板企业的交互项，其回归结果见表 5 – 22。主板企业、中小板企业和创业板企业均在 10% 的水平下通过显著性检验，且创业板企业系数为 0. 300 009，主板企业和中小板企业系数分别为 − 0. 418 862 和 − 0. 014 183。这表明相对于主板企业和中小板企业，税率型税收优惠政策即税收优惠强度（TAXRI）促进创业板企业自主创新的效应最为显著，其次是中小板企业，最后是主板企业。

表 5 - 22   税率型税收优惠政策促进不同发展阶段企业自主创新回归结果

解释变量	被解释变量 RDI：企业研发资金投入占企业营业收入的比例			
	系数	标准误	T 值	Sig 值
CONSTANT	5. 865 651 ***	0. 275 730	21. 273 170	0. 000 0
TAXRI	0. 300 009 *	0. 177 712	1. 688 178	0. 091 5
TAXRI × BOARD1	− 0. 418 862 *	0. 234 316	− 1. 787 594	0. 074 0
TAXRI × BOARD2	− 0. 014 183 *	0. 327 729	− 0. 043 276	0. 065 5
TAXRI × BOARD3	—	—	—	—
ROE	− 2. 133 114 ***	0. 255 377	− 8. 352 811	0. 000 0
DEBTR	− 2. 341 056 ***	0. 130 119	− 17. 991 700	0. 000 0
PROFITR	− 0. 102 397 ***	0. 034 059	− 3. 006 498	0. 002 7
SIZE	− 0. 442 317 ***	0. 033 491	− 13. 206 860	0. 000 0
COMPETITION	0. 408 265 ***	0. 085 336	4. 784 195	0. 000 0
RESEARCHERR	0. 147 750 ***	0. 003 295	44. 834 090	0. 000 0
AGE	− 0. 048 907 ***	0. 004 294	− 11. 388 820	0. 000 0
INTANGIBLEA	0. 345 209 ***	0. 024 680	13. 987 610	0. 000 0
BOARD1	− 0. 299 029 ***	0. 056 049	− 5. 335 084	0. 000 0
BOARD2	− 0. 130 769 **	0. 057 971	− 2. 255 776	0. 024 2
BOARD3	—	—	—	—
INDUSTRY	是	是	是	是
OWN	是	是	是	是
REGION	是	是	是	是
F 值	384. 936 6***			
R^2	0. 793 118			
Obs	744			

注：*** 、** 、* 分别表示 $p < 0.01$、$p < 0.05$、$p < 0.1$。

（3）税基型税收优惠政策回归结果分析。将创业板企业作为参照，引入加计扣除优惠强度（DEDUCTION）变量与主板企业和中小板企业的交互项，其回归结果见表 5 - 23。主板企业、中小板企业和创业板企业均在 1% 水平

下通过显著性检验，且其系数分别为 553.016 300、- 121.725 400 和
65.520 440。这表明相对于主板企业和中小板企业，税基型税收优惠政策即加
计扣除优惠强度（DEDUCTION）促进创业板企业自主创新的作用最显著，促
进中小板企业的自主创新作用次之，促进主板企业自主创新的作用显著，但相
比之下最弱。

表 5 – 23　　　　　税基型税收优惠政策促进不同发展阶段企业自主创新回归结果

解释变量	被解释变量 RDI：企业研发资金投入占企业营业收入的比例			
	系数	标准误	T 值	Sig 值
CONSTANT	0.183 431	0.352 820	0.519 900	0.603 2
DEDUCTION	553.016 300 ***	15.880 670	34.823 230	0.000 0
DEDUCTION × BOARD1	- 121.725 400 ***	17.386 820	- 7.001 019	0.000 0
DEDUCTION × BOARD2	65.520 440 ***	23.170 940	2.827 699	0.004 7
DEDUCTION × BOARD3	—	—	—	—
ROE	- 7.514 338 ***	0.327 782	- 22.924 810	0.000 0
DEBTR	- 3.383 308 ***	0.097 868	- 34.570 270	0.000 0
PROFITR	0.351 296 ***	0.069 785	5.033 965	0.000 0
SIZE	0.102 342 ***	0.028 511	3.589 531	0.000 3
COMPETITION	- 0.689 578 ***	0.082 675	- 8.340 800	0.000 0
RESEARCHERR	0.065 883 ***	0.002 477	26.600 660	0.000 0
AGE	- 0.039 342 ***	0.005 226	- 7.527 586	0.000 0
INTANGIBLEA	0.285 890 ***	0.022 491	12.711 460	0.000 0
BOARD1	- 0.148 485	0.101 415	- 1.464 127	0.143 3
BOARD2	- 0.803 444 ***	0.117 536	- 6.835 735	0.000 0
BOARD3	—	—	—	—
INDUSTRY	是	是	是	是
OWN	是	是	是	是
REGION	是	是	是	是
F 值	708.115 3 ***			
R²	0.875 812			
Obs	744			

注：***、**、*分别表示 $p < 0.01$、$p < 0.05$、$p < 0.1$。

（4）财政补贴政策回归结果分析。将创业板企业作为参照，引入财政补贴强度（SUBSIDYR）变量与主板企业和中小板企业的交互项，其回归结果见表5－24。中小板企业和创业板企业均在1%水平下通过显著性检验，且其系数分别为－122.566 700和102.661 100，主板企业未通过显著性检验。这表明相对于主板企业和中小板企业，财政补贴强度（SUBSIDYR）促进创业板企业自主创新的作用最显著，促进中小板企业自主创新的效应次之，促进主板企业自主创新的作用不显著。

表5－24　　　　财政补贴政策促进不同发展阶段企业自主创新回归结果

解释变量	被解释变量RDI：企业研发资金投入占企业营业收入的比例			
	系数	标准误	T值	Sig值
CONSTANT	5.233 244 ***	0.311 828	16.782 450	0.000 0
SUBSIDYR	102.661 100 ***	7.393 263	13.885 760	0.000 0
SUBSIDYR × BOARD1	－10.791 320	11.577 520	－0.932 093	0.351 4
SUBSIDYR × BOARD2	－122.566 700 ***	12.693 810	－9.655 626	0.000 0
SUBSIDYR × BOARD3	—	—	—	—
ROE	－1.825 474 ***	0.261 587	－6.978 451	0.000 0
DEBTR	－2.030 883 ***	0.135 941	－14.939 490	0.000 0
PROFITR	－0.072 266 **	0.030 960	－2.334 151	0.019 7
SIZE	－0.360 133 ***	0.033 284	－10.820 010	0.000 0
COMPETITION	0.305 667 ***	0.072 923	4.191 658	0.000 0
RESEARCHERR	0.139 425 ***	0.004 442	31.387 450	0.000 0
AGE	－0.057 046 ***	0.004 391	－12.992 930	0.000 0
INTANGIBLEA	0.268 262 ***	0.022 229	12.067 850	0.000 0
BOARD1	0.252 883 ***	0.073 404	3.445 099	0.000 6
BOARD2	－0.001 724	0.070 868	－0.024 320	0.980 6
BOARD3	—	—	—	—
INDUSTRY	是	是	是	是
OWN	是	是	是	是
REGION	是	是	是	是
F值	428.165 7 ***			
R²	0.810 038			
Obs	744			

注：***、**、*分别表示 $p < 0.01$、$p < 0.05$、$p < 0.1$。

5.4.4　税收优惠政策促进不同地区企业自主创新分析

1. 描述性统计分析

不同地区样本企业因变量研发投入强度（RDI）指标，以及核心自变量总体税收优惠即实际税率（RTR）、税收优惠强度（TAXRI）、加计扣除优惠强度（DEDUCTION）及财政补贴强度（SUBSIDYR）五个指标的描述性统计结果，即其平均值及标准差见表5－25。描述性统计数据显示，在四个不同地区（东部地区、中部地区、西部地区和东北地区）样本企业中，研发投入强度最大的为中部地区，研发投入平均值达5.53%，其次是东部地区。实际税率最高的也为中部地区，平均值达0.86%，其次是西部地区。税收优惠强度和加计扣除优惠强度最大的是东部地区，其次为中部地区。财政补贴强度占比最大的为中部地区，其次为东部地区。

表5－25　　　　　不同地区企业样本分布、因变量、核心自变量等指标

指标	东部地区	中部地区	西部地区	东北地区
N	537	96	94	17
RDI	5.390 (3.890)	5.530 (4.450)	4.250 (5.040)	4.620 (1.950)
RTR	0.090 (0.290)	0.860 (12.540)	0.150 (0.730)	0.130 (0.270)
TAXRI	0.004 (0.003)	0.003 (0.003)	0.003 (0.003)	0.002 (0.002)
DEDUCTION	0.007 (0.005)	0.006 (0.005)	0.004 (0.003)	0.004 (0.002)
SUBSIDYR	16.870 (10.51)	17.010 (10.67)	12.430 (10.84)	16.700 (8.59)

注：表中显示的数据为变量平均值，括号里的为变量标准差。

2. 回归结果分析

分析税收优惠政策促进不同地区企业自主创新的情况，也就是分析总体税收优惠即实际税率（RTR）、税收优惠强度（TAXRI）、加计扣除优惠强度（DEDUCTION）及财政补贴强度（SUBSIDYR）等促进不同地区企业自主创新的情况，各变量具体回归结果分析报告见表5－26至表5－29。在分析各变量促进不同地区企业自主创新时，均以东北地区为参照，同时，当分析某一变量时，就引入该变量与各不同地区企业的交互项，以便对比该变量即该种优惠政策促进不同地区企业自主创新的效应的差异性。

（1）总体税收优惠回归结果分析。将东北地区作为参照，引入总体税收优惠即实际税率（RTR）变量与东部地区、中部地区和西部地区的交互项，其回归结果见表 5 - 26。东部地区、中部地区、西部地区和东北地区均在 1% 水平下通过显著性检验，其系数分别为 - 1.079 576、- 1.666 931、- 1.513 342 和 - 1.664 970。这表明与东部地区、中部地区和西部地区相比，总体税收优惠即实际税率（RTR）促进东北地区企业自主创新的效用最显著，中部地区次之，接着是西部地区，最后是东部地区。这主要在于我国的区域发展政策实施时间的差异性，首先是东部率先发展，接着是进行西部大开发，再次是振兴东北等老工业基地，最后是实施中部地区崛起战略。近些年，振兴东北和中部地区崛起正当时，也有不少企业正抓住这一机遇实施创新转型，因此，遇到税收优惠会更加敏感，激励效果会更佳。而东部地区率先发展和西部大开发已进行多年，其优惠政策的激励效果会有所下降。

表 5 - 26　　　　　　总体税收优惠促进不同地区企业自主创新回归结果

解释变量	被解释变量 RDI：企业研发资金投入占企业营业收入的比例			
	系数	标准误	T 值	Sig 值
CONSTANT	5.674 239 ***	0.255 874	22.175 920	0.000 0
RTR	- 1.664 970 ***	0.230 688	7.217 406	0.000 0
RTR × REGION1	- 1.079 576 ***	0.284 694	- 3.792 056	0.000 2
RTR × REGION2	- 1.666 931 ***	0.230 717	- 7.225 003	0.000 0
RTR × REGION3	- 1.513 342 ***	0.312 400	- 4.844 248	0.000 0
RTR × REGION4	—	—	—	—
ROE	- 2.024 826 ***	0.246 280	- 8.221 637	0.000 0
DEBTR	- 2.368 292 ***	0.122 811	- 19.284 080	0.000 0
PROFITR	- 0.093 944 ***	0.035 680	- 2.632 942	0.008 5
SIZE	- 0.447 000 ***	0.030 962	- 14.436 980	0.000 0
COMPETITION	0.382 498 ***	0.088 361	4.328 809	0.000 0
RESEARCHERR	0.147 548 ***	0.003 049	48.394 880	0.000 0
AGE	- 0.050 286 ***	0.004 321	- 11.638 890	0.000 0
INTANGIBLEA	0.355 591 ***	0.024 155	14.721 180	0.000 0
REGION1	0.654 815 ***	0.084 649	7.735 660	0.000 0

解释变量	被解释变量 RDI：企业研发资金投入占企业营业收入的比例			
	系数	标准误	T 值	Sig 值
REGION2	0.676 765 ***	0.091 312	7.411 589	0.000 0
REGION3	0.309 936 ***	0.111 140	2.788 711	0.005 3
REGION4	—	—	—	—
INDUSTRY	是	是	是	是
OWN	是	是	是	是
BOARD	是	是	是	是
F 值	368.301 6 ***			
R^2	0.793 238			
Obs	744			

注：***、**、* 分别表示 $p < 0.01$、$p < 0.05$、$p < 0.1$。

（2）税率型税收优惠政策回归结果分析。将东北地区作为参照，引入税收优惠强度（TAXRI）变量与东部地区、中部地区和西部地区的交互项，其回归结果见表 5-27。东部地区、中部地区、西部地区和东北地区均在 1% 水平下通过显著性检验，其系数分别为 -0.442 784、-0.414 117、-0.356 968 和 0.594 641。这表明与东部地区、中部地区和西部地区相比，税率型税收优惠政策即税收优惠强度（TAXRI）促进东北地区企业自主创新的效应最显著，促进东部地区、中部地区和西部地区企业自主创新的效应显著，并且相对而言西部地区最显著，其次是中部地区，再次是东部地区。

表 5-27　　　　税率型税收优惠政策促进不同地区企业自主创新回归结果

解释变量	被解释变量 RDI：企业研发资金投入占企业营业收入的比例			
	系数	标准误	T 值	Sig 值
CONSTANT	5.819 859 ***	0.282 045	20.634 490	0.000 0
TAXRI	0.594 641 **	0.533 564	1.114 469	0.045 2
TAXRI × REGION1	-0.442 784 **	0.555 330	-0.797 335	0.025 3
TAXRI × REGION2	-0.414 117 **	0.548 875	-0.754 483	0.040 6
TAXRI × REGION3	-0.356 968 **	0.548 182	-0.651 186	0.015 0
TAXRI × REGION4	—	—	—	—

解释变量	被解释变量 RDI：企业研发资金投入占企业营业收入的比例			
	系数	标准误	T 值	Sig 值
ROE	− 2. 143 071 ***	0. 250 548	− 8. 553 529	0. 000 0
DEBTR	− 2. 318 533 ***	0. 133 923	− 17. 312 380	0. 000 0
PROFITR	− 0. 097 170 ***	0. 034 207	− 2. 840 679	0. 004 5
SIZE	− 0. 441 482 ***	0. 033 974	− 12. 994 750	0. 000 0
COMPETITION	0. 393 670 ***	0. 085 246	4. 618 068	0. 000 0
RESEARCHERR	0. 147 531 ***	0. 003 312	44. 544 450	0. 000 0
AGE	− 0. 049 207 ***	0. 004 360	− 11. 285 780	0. 000 0
INTANGIBLEA	0. 346 815 ***	0. 025 269	13. 725 190	0. 000 0
REGION1	0. 565 125 ***	0. 090 344	6. 255 228	0. 000 0
REGION2	0. 529 150 ***	0. 098 943	5. 348 015	0. 000 0
REGION3	0. 166 052	0. 110 913	1. 497 135	0. 134 5
REGION4	—	—	—	—
INDUSTRY	是	是	是	是
OWN	是	是	是	是
BOARD	是	是	是	是
F 值	355. 373 3 ***			
R^2	0. 787 316			
Obs	744			

注：*** 、 ** 、 * 分别表示 $p < 0.01$、 $p < 0.05$、 $p < 0.1$。

（3）税基型税收优惠政策回归结果分析。将东北地区作为参照，引入加计扣除优惠强度（DEDUCTION）变量与东部地区、中部地区和西部地区的交互项，其回归结果见表5-28。东部地区、中部地区和东北地区均在1%水平下通过显著性检验，其系数分别为−206. 182 400、−122. 461 900和675. 308 200，西部地区在10%水平下通过显著性检验。这表明与东部地区和中部地区相比，税基型税收优惠政策即加计扣除优惠强度（DEDUCTION）促进西部地区和东北地区企业自主创新的效应更强，且促进东北地区企业自主创新的效应比西部地区的效应更显著，促进东部地区和中部地区企业自主创新的效应较东北地区弱，与东北地区相比促进效应最弱的为东部地区。

表 5 - 28　　　税基型税收优惠政策促进不同地区企业自主创新回归结果

解释变量	被解释变量 RDI：企业研发资金投入占企业营业收入的比例			
	系数	标准误	T 值	Sig 值
CONSTANT	- 0. 103 287	0. 323 896	- 0. 318 890	0. 749 8
DEDUCTION	675. 308 200 ***	34. 254 360	19. 714 520	0. 000 0
DEDUCTION × REGION1	- 206. 182 400 ***	34. 529 250	- 5. 971 239	0. 000 0
DEDUCTION × REGION2	- 122. 461 900 ***	42. 779 210	- 2. 862 650	0. 004 2
DEDUCTION × REGION3	79. 016 180 *	42. 959 780	1. 839 306	0. 066 0
DEDUCTION × REGION4	—	—	—	—
ROE	- 7. 507 432 ***	0. 306 745	- 24. 474 500	0. 000 0
DEBTR	- 3. 192 438 ***	0. 105 309	- 30. 315 070	0. 000 0
PROFITR	0. 234 655 ***	0. 049 702	4. 721 255	0. 000 0
SIZE	0. 066 444 ***	0. 025 077	2. 649 627	0. 008 1
COMPETITION	- 0. 531 370 ***	0. 067 670	- 7. 852 399	0. 000 0
RESEARCHERR	0. 072 102 ***	0. 002 772	26. 007 510	0. 000 0
AGE	- 0. 033 223 ***	0. 004 695	- 7. 076 178	0. 000 0
INTANGIBLEA	0. 294 543 ***	0. 021 283	13. 839 480	0. 000 0
REGION1	0. 406 847 *	0. 232 545	1. 749 546	0. 080 3
REGION2	0. 069 807	0. 269 326	0. 259 190	0. 795 5
REGION3	- 0. 455 586 *	0. 240 833	- 1. 891 708	0. 058 7
REGION4	—	—	—	—
INDUSTRY	是	是	是	是
OWN	是	是	是	是
BOARD	是	是	是	是
F 值	670. 481 7 ***			
R^2	0. 874 752			
Obs	744			

注：*** 、 ** 、 * 分别表示 $p < 0.01$ 、 $p < 0.05$ 、 $p < 0.1$ 。

（4）财政补贴政策回归结果分析。将东北地区作为参照，引入财政补贴强度（SUBSIDYR）变量与东部地区、中部地区和西部地区的交互项，其回归结果见表 5 - 29。东部地区、中部地区和西部地区均在 1% 水平下通过显著性检验，其系数分别为 67. 064 010、122. 331 000 和 81. 147 140，东北地区在 5%

水平下通过显著性检验，其系数为 1. 559 623。这表明与东部地区、中部地区和西部地区相比，财政补贴强度（SUBSIDYR）促进东部地区、中部地区和西部地区企业自主创新的作用更显著，促进中部地区和西部地区企业的自主创新效应更显著，且促进中部地区企业自主创新的效应比西部地区的效应更显著。

表 5 - 29 财政补贴政策促进不同地区企业自主创新回归结果

解释变量	被解释变量 RDI：企业研发资金投入占企业营业收入的比例			
	系数	标准误	T 值	Sig 值
CONSTANT	5. 876 876 ***	0. 274 443	21. 413 870	0. 000 0
SUBSIDYR	1. 559 623 **	23. 267 920	0. 067 029	0. 046 6
SUBSIDYR × REGION1	67. 064 010 ***	24. 059 590	2. 787 413	0. 005 4
SUBSIDYR × REGION2	122. 331 000 ***	29. 180 600	4. 192 205	0. 000 0
SUBSIDYR × REGION3	81. 147 140 ***	28. 714 780	2. 825 971	0. 004 8
SUBSIDYR × REGION4	—	—	—	—
ROE	- 1. 803 800 ***	0. 251 566	- 7. 170 278	0. 000 0
DEBTR	- 1. 850 834 ***	0. 136 224	- 13. 586 730	0. 000 0
PROFITR	- 0. 100 211 ***	0. 032 332	- 3. 099 378	0. 002 0
SIZE	- 0. 398 961 ***	0. 028 610	- 13. 944 970	0. 000 0
COMPETITION	0. 417 360 ***	0. 089 880	4. 643 508	0. 000 0
RESEARCHERR	0. 136 750 ***	0. 004 024	33. 981 950	0. 000 0
AGE	- 0. 050 677 ***	0. 004 853	- 10. 443 370	0. 000 0
INTANGIBLEA	0. 274 128 ***	0. 021 304	12. 867 560	0. 000 0
REGION1	0. 275 972 ***	0. 095 537	2. 888 645	0. 003 9
REGION2	- 0. 036 518	0. 102 759	- 0. 355 375	0. 722 3
REGION3	- 0. 073 581	0. 122 835	- 0. 599 024	0. 549 2
REGION4	—	—	—	—
INDUSTRY	是	是	是	是
OWN	是	是	是	是
BOARD	是	是	是	是
F 值	373. 417 2 ***			
R²	0. 795 491			
Obs	744			

注：*** 、** 、* 分别表示 $p < 0.01$、$p < 0.05$、$p < 0.1$。

5.5　实证检验结论及分析

根据对总体税收优惠促进企业自主创新显著性检验，不同类型优惠政策促进企业自主创新比较实证检验，即税收优惠政策与财政补贴政策促进企业自主创新的比较实证检验、税率型税收优惠政策和税基型税收优惠政策促进企业自主创新的比较实证检验、税收优惠政策促进不同特征企业自主创新的比较分析（即税收优惠政策促进不同行业企业、不同所有权性质企业、不同发展阶段企业和不同地区企业自主创新效应的比较分析）。从本书选择的样本角度及样本所处时间角度，即 2014~2016 年连续三年被国家认定的高新技术上市公司样本角度看，根据回归分析结果，可以对本章实证检验做如下小结。

5.5.1　税收优惠总体显著促进企业自主创新

构建多元回归计量模型，检验总体税收优惠即实际税率（RTR）核心变量，以及净资产收益率（ROE）、资产负债率（DEBTR）、营业利润率（PROFITR）、公司规模（SIZE）、市场竞争（COMPETITION）、研发人员占比（RESEARCHERR）、成立年限（AGE）、无形资产（INTANGIBLEA）等控制自变量促进企业自主创新效应的显著性，并采用横截面个体加权广义最小二乘法对数据进行回归分析后，根据表 5-7 的回归结果可以发现，总体税收优惠即实际税率（RTR）与研发投入强度（RDI）显著负相关，且总体税收优惠即实际税率（RTR）在 1% 水平下通过显著性检验，这表明总体税收优惠显著促进了企业的自主创新。从而验证了前述假说 1（H_1）。

根据表 5-7 的回归结果同样可以发现，净资产收益率（ROE）、资产负债率（DEBTR）、营业利润率（PROFITR）、公司规模（SIZE）、市场竞争（COMPETITION）、研发人员占比（RESEARCHERR）、成立年限（AGE）、无形资产（INTANGIBLEA）等控制自变量均与研发投入强度（RDI）显著相关，其中，净资产收益率（ROE）、资产负债率（DEBTR）、公司规模（SIZE）、成立年限（AGE）与研发投入强度（RDI）显著负相关，且均在 1% 水平下通过显著性检验。营业利润率（PROFITR）、市场竞争（COMPETITION）、研发人

员占比（RESEARCHERR）、无形资产（INTANGIBLEA）等控制自变量均与研
发投入强度（RDI）显著正相关，且研发人员占比（RESEARCHERR）和无形
资产（INTANGIBLEA）在1%水平下通过显著性检验，营业利润率（PROF-
ITR）和市场竞争（COMPETITION）在5%水平下通过显著性检验。这表明净
资产收益率（ROE）、资产负债率（DEBTR）、公司规模（SIZE）、成立年限
（AGE）等对企业自主创新具有负向影响，而营业利润率（PROFITR）、研发
人员占比（RESEARCHERR）、市场竞争（COMPETITION）、无形资产
（INTANGIBLEA）等对企业自主创新具有正向影响。

5.5.2　不同类型优惠政策促进企业自主创新的效果不尽相同

1. 税收优惠政策和财政补贴促进企业自主创新效应比较的结论

构建计量模型，检验税收优惠政策和财政补贴政策促进企业自主创新效应
的差异。采用横截面个体加权广义最小二乘法对数据进行回归分析后，根据回
归结果可以发现，税收优惠政策与财政补贴政策促进企业自主创新的比较即比
较税收优惠政策与财政补贴政策促进企业自主创新的效应。如表5-8所示，
经过标准化之后的变量实际税率（RTR）及财政补贴强度（SUBSIDYR）均通
过显著性检验，且实际税率（RTR）在5%水平下通过显著性检验，财政补贴
强度（SUBSIDYR）在1%水平下通过显著性检验。同时，实际税率（RTR）
及财政补贴强度（SUBSIDYR）变量的系数分别为-0.000 446及0.143 558。
从而可知，税收优惠政策和财政补贴政策均显著促进企业自主创新投入，但财
政补贴强度（SUBSIDYR）政策促进企业自主创新投入优于实际税率（RTR）
即税收优惠政策。从而验证了前述假设2（H_2）。

2. 税收优惠政策与财政补贴促进企业自主创新的结论

构建计量模型，检验不同类型税收优惠政策即税率型税收优惠政策和税基
型税收优惠政策促进企业自主创新效应的差异，采用横截面个体加权广义最小
二乘法对数据进行回归分析后，根据表5-9的回归结果可以发现，经过标准
化之后的变量税收优惠强度（TAXRI）和加计扣除优惠强度（DEDUCTION）
均通过显著性检验，且税收优惠强度（TAXRI）在5%水平下通过显著性检
验，加计扣除优惠强度（DEDUCTION）在1%水平下通过显著性检验。同时，

税收优惠强度（TAXRI）和加计扣除优惠强度（DEDUCTION）变量的系数分别为 0.010 250 和 0.578 891。从而可知，加计扣除优惠强度（DEDUCTION）即税基型税收优惠政策促进企业自主创新优于税收优惠强度（TAXRI）即税率型税收优惠政策。从而验证了前述假设 3（H_3）。

5.5.3　不同类型优惠政策促进不同特征企业自主创新的差异较大

构建多元回归计量模型，通过采用横截面个体加权广义最小二乘法考察各类优惠政策，包括总体税收优惠政策、税率型税收优惠政策、税基型税收优惠政策及财政补贴政策促进不同行业企业、不同所有制性质企业、不同发展阶段企业以及不同地区企业自主创新的情况。根据回归结果，可以得出如下结论。

1. 不同行业企业差异

一是将其他行业（含科技服务业）作为参照，总体税收优惠政策即实际税率（RTR）促进其他行业（含科技服务业）企业自主创新的效用更好，制造业次之，促进信息传输业和建筑业企业自主创新的效果不明显。

二是与制造业、信息传输业和建筑业相比，税率型税收优惠政策即税收优惠强度（TAXRI）促进其他行业（含科技服务业）企业自主创新的效应更好，对制造业效应次之，对信息传输企业和建筑业企业的促进效应不显著。

三是与制造业、信息传输业和建筑业相比，税基型税收优惠政策即加计扣除优惠强度（DEDUCTION）促进其他行业（含科技服务业）企业自主创新的效应更好，对制造业效应次之，对信息传输企业和建筑业企业的促进效应不显著。

四是财政补贴政策促进信息传输业企业自主创新的效应最佳，其次是制造业企业，再次是科技服务业企业，财政补贴促进建筑业企业自主创新的效应不明显。

2. 不同所有权性质企业差异

一是总体税收优惠即实际税率（RTR）促进其他所有权性质企业（包括公众企业、外资企业和集体企业等）、地方国有企业和民营企业自主创新的效应更强，促进效应最佳的是民营企业，其次是其他企业，再次是地方国有企业，总体税收优惠促进中央国有企业自主创新效应不够明显。

二是与民营企业相比，税率型税收优惠政策即税收优惠强度（TAXRI）促进其他所有权性质企业（包括公众企业、外资企业和集体企业等）自主创新的作用更弱，而与中央国有企业、地方国有企业相比其促进作用更强，促进作用最佳的是民营企业，其次是其他企业，再次是地方国有企业，最后是中央国有企业。

三是与中央国有企业、地方国有企业和民营企业相比，税基型税收优惠政策即加计扣除优惠强度（DEDUCTION）促进其他所有权性质企业（包括公众企业、外资企业和集体企业等）自主创新的作用最强，其次是地方国有企业，再次是民营企业，最后是中央国有企业。

四是与中央国有企业、地方国有企业和其他所有权性质企业（包括公众企业、外资企业和集体企业等）相比，财政补贴强度（SUBSIDYR）促进民营企业自主创新的作用最强，其次是其他所有权性质企业（包括公众企业、外资企业和集体企业等），再次是中央国有企业，对地方国有企业自主创新的促进效应不显著。

3. 不同发展阶段企业差异

一是与主板企业和中小板企业相比，总体税收优惠即实际税率（RTR）促进不同发展阶段企业的自主创新最显著的为创业板企业，其次是中小板企业，促进主板企业自主创新的效应不显著。

二是相对于主板企业和中小板企业，税率型税收优惠政策即税收优惠强度（TAXRI）促进创业板企业自主创新的效应最为显著，其次是中小板企业，再次是主板企业。

三是相对于主板企业和中小板企业，税基型税收优惠政策即加计扣除优惠强度（DEDUCTION）促进创业板企业自主创新的作用最显著，促进中小板企业的自主创新作用次之，促进主板企业自主创新的作用显著，但相比之下最弱。

四是相对于主板企业和中小板企业，财政补贴强度（SUBSIDYR）促进创业板企业自主创新的作用最显著，促进中小板企业自主创新的效应次之，促进主板企业自主创新的作用不显著。

4. 不同地区企业差异

一是与东部地区、中部地区和西部地区相比，总体税收优惠即实际税率（RTR）促进东北地区企业自主创新的效用最显著，中部地区次之，接着是西部地区，最后是东部地区。

二是与东部地区、中部地区和西部地区相比，税率型税收优惠政策即税收优惠强度（TAXRI）促进东北地区企业自主创新的效应最显著，促进东部地区、中部地区和西部地区企业自主创新的效应显著，并且相对而言西部地区最显著，其次是中部地区，再次是东部地区。

三是与东部地区和中部地区相比，税基型税收优惠政策即加计扣除优惠强度（DEDUCTION）促进西部地区和东北地区企业自主创新的效应更强，且促进东北地区企业自主创新的效应比西部地区的效应更显著，促进东部地区和中部地区企业自主创新的效应较东北地区弱，与东北地区相比，促进效应最弱的为东部地区。

四是与东北地区相比，财政补贴强度（SUBSIDYR）促进东部地区、中部地区和西部地区企业自主创新的作用更显著，促进中部地区和西部地区企业的自主创新效应更显著，且促进中部地区企业自主创新的效应比西部地区的效应更显著。

第 6 章

税收优惠政策促进企业自主
创新的国际经验

科技创新尤其是自主创新优势促使世界各国纷纷运用公共政策，例如通过税收优惠政策能够激励企业从事自主创新活动、加大自主创新研发费用投入。美国政府继 2009 年《美国创新战略》提出要实现企业自主创新研发投入税收优惠减免永久化之后，2011 年，时任美国总统奥巴马在新版《美国创新战略》中呼吁进一步简化 R&D 税收减免政策，并使之永久化，从而为美国企业创新和加大 R&D 投资提供持续的动力。在英国，政府则提出要创造 G20 内最有竞争力的企业税制的目标，并采取非常果断的措施降低企业的相关税负，给予所有创新研发投入在 1 万英镑以上的企业研发税收优惠减免政策。在加拿大，所有地区都制定了详尽的激励企业自主创新研发投入的税收优惠减免政策细则。在澳大利亚，2011 年 7 月 1 日开始实施以税收激励政策为主的促进企业自主创新的税收优惠政策。这些国家目前实施的促进企业自主创新的税收优惠政策，按税收优惠类型进行划分，仍主要为税基型税收优惠、税额型税收优惠、税率型税收优惠和递延型税收优惠等。

6.1 研发费用扣除是各国普遍采用的
税基型税收优惠

6.1.1 英国促进企业自主创新的研发费用扣除规定

英国促进企业自主创新的税收优惠政策主要体现为对高新技术产业研发支

出的税收优惠政策，并且根据企业规模不同而异，分为中小企业计划（SMEs）研发税收优惠减免和大企业计划（LCs）研发税收优惠减免。

1. 享受费用扣除的基本条件

一是中小企业计划（SMEs）[①]。首先，对中小企业的资格定义为：（1）员工总数不超过 500 人。（2）年经营收入在 1 亿英镑以下。（3）资产负债表年盈利在 8 600 万英镑以下。同时，还应考虑以下特殊情况：（1）如果该企业属于大企业的分公司，则不符合中小企业计划中对中小企业的定义。（2）在考虑这些限制的时候，还应该包括任何有关联的、合伙的或者持股公司，这些公司拥有至少 25% 股份的中小企业也不符合中小企业计划中对中小企业的定义。（3）关于分包商，如果此中小企业是一个分包商，则不能要求在中小企业计划中获得研发支出税收减免，但可以在大公司的计划下申请研发支出税收减免。

其次，计划对税收减免的前提条件进行了严格的规定：（1）企业可以持续经营，如果企业无法持续经营，那么就不能享受研发支出税收减免，因此，企业可以持续经营是享受研发支出税收减免的首要和必要条件。（2）未被政府接管。（3）未破产清算。

再次，对政府补贴和补助等税后减免额的影响因素进行了说明。即如果中小企业已经获得了研发项目的补贴或补助，会影响其申请税收减免的额度。（1）国家补助。中小企业计划（SMEs）对中小企业的研发税收减免属于国家补助。当企业从中小企业计划（SMEs）获得超过 50 万英镑的补贴，每年将会在欧洲委员会的网站详细公布各细节。（2）其他形式的补贴或补助。其他形式的补贴或补助指的是除国家补助以外的补贴或补助。当企业接受的补贴属于其他形式的补贴或补助时，中小企业可以申报的研发支出减免额将以同等额度减少。可以在大企业计划（LCs）中申报税收减免的除外。

最后，中小企业计划（SMEs）税收优惠政策有两种具体操作方式可供中小企业根据自身情况进行选择。

---

① https://www. gov. uk/guidance/corporation-tax-research-and-development-tax-relief-for-small-and-medium-sized-enterprises.

二是大企业计划（LCs）[1]。首先，规定大企业计划（LCs）申请研发费用税收减免的前提条件，即有盈利且有支付企业所得税义务的企业，才有资格申请研发费用税收减免。

其次，规定大企业计划（LCs）研发支出费用限额。（1）2012 年 3 月 31 日以前的任何一个会计年度，只有企业每年研发支出在 10 000 英镑的基础上，才可以采用大企业计划（LCs）下的税收减免政策。（2）2012 年 4 月 1 日起，对于大企业申报研发费用税收减免不存在额度限制。

最后，规定大企业计划（LCs）税收优惠政策也有两种具体操作方式可供大企业根据自身情况进行选择。

2. 享受费用扣除具体规定

一是中小企业研发支出加计扣除。自 2015 年 4 月 1 日起，该计划提高了研发支出税收减免率，将可扣除的研发成本扣除比率提高到 230%。也就是说，对于合理的 100 英镑研发费用支出，中小企业可以在全额扣除 100 英镑的研发成本基础上再加计扣除 130%，这种操作方式是扣减中小企业的应纳税所得额。主要分为以下两种情形。

情形一：当中小企业在扣除研发成本情况下，企业账面盈利。例如，假设某中小企业年账面利润为 26 000 英镑，该年研发支出为 20 000 英镑，在中小企业计划（SMEs）下应纳税所得额计算见表 6 - 1。

表 6 - 1　　　中小企业研发支出为 20 000 英镑情况下的研发支出税收减免　　单位：英镑

计算步骤	金额
研发支出	20 000
研发支出减免额	20 000 × 130% = 26 000
应纳税所得额	26 000
扣除研发支出减免额后的应纳税所得额	26 000 - 26 000 = 0
修正后应纳税所得额	0

情形二：中小企业存在可接受的经营亏损，此亏损也可能是加计扣除130% 后产生的亏损。在企业存在经营亏损的情况下，企业研发支出仍然可以

---

[1]　https：//www.gov.uk/guidance/corporation-tax-research-and-development-tax-relief-for-large-companies.

按130%进行应纳税所得额扣除。由于存在经营亏损，那么中小企业无法进行应纳税所得额抵免，但在研发费用加计扣除130%以后的企业经营损失可以以正常方式向前结转。例如，假设某中小企业年账面亏损为10 000英镑，该年研发支出为20 000英镑，在中小企业计划（SMEs）下应纳税所得额计算见表6-2。

表6-2　中小企业研发支出为20 000英镑情况下的研发支出税收减免　　单位：英镑

计算步骤	金额
研发支出	20 000
研发支出减免额	20 000×130%＝26 000
应纳税所得额（正常经营亏损）	-10 000
扣除研发支出减免额后的应纳税所得额	-10 000-26 000＝-36 000
可用于向前或向后结转的损失	36 000

二是大企业研发支出加计扣除。对于可扣除的研发支出成本，其税收抵扣率为130%。也就是说，对于每100英镑合理的研发费用支出，可以额外加计扣除30%。如果企业在这一会计期间存在合理的经营亏损，企业仍在合理的研发支出成本上额外加计扣除30%，并且损失可以以正常方式向前或向后进行结转。这种操作方式同样可以扣减大企业的应纳税所得额。

6.1.2　加拿大促进企业自主创新的研发费用扣除规定

关于促进企业自主创新的研发支出税收优惠政策，加拿大则是以地方为主，由地方根据当地实际情况自由裁定，各省对于研发支出税收优惠的主要做法大体一致。

首先，研发支出扣除政策对符合扣除条件的研发支出进行了定义。根据加拿大的税收法案（Taxation Act），研发（R&D）指的是在科学技术领域开展的系统性调查或研究，可以分为基础研究、应用研究及对于研发新材料、新产品、新设备、新工艺或提高现有材料、产品、设备及工艺的实验性研究。具体内容见表6-3。

表6-3   符合研发支出扣除条件的研发项目

可扣除的支持性项目	不可扣除的项目
与以下活动相关的工作可以扣除： ● 工程； ● 设计； ● 操作研究； ● 数学分析； ● 计算机编程； ● 数据收集； ● 测试； ● 心理学研究	与以下活动相关的工作不可扣除： ● 市场调研或销售促进； ● 对材料、产品、设备或工艺进行质量控制或常规测试； ● 社会科学或人文学科的研究； ● 勘探、开采或生产矿物、石油或石油天然气； ● 一种新的或改进的材料、设备或产品的商业生产，或者是一个新的或改进的过程的商业使用； ● 风格变化； ● 日常数据收集

其次，研发支出扣除政策规定了符合扣除条件的研发支出。根据税收法案的规定，符合扣除条件的研发支出是经营性支出（current expenditures）和资本性支出（capital expenditures）。关于经营性支出和资本性支出有相应具体的规定见表6-4。

表6-4   符合扣除条件的研发支出

经营性支出	资本性支出
● 支付给研发人员的工资薪金； ● 用于研发的房屋、设备支出； ● 用于研发活动消耗的材料成本； ● 支付给研发承包商或分包商的奖励支出； ● 支付给设立在加拿大境内的大学、学院、研究机构和免税组织等第三方机构支出	满足以下条件之一，为资本性支出： ● 资产90%以上的寿命期都是用于研发目的； ● 所有的或全部的价值都被用于研发目的 以下几种情况除外： ● 用于管理的资本性支出； ● 用于房屋或设备维护保养的资本支出； ● 给予一些特殊职员的红利或奖金（一般情况：拥有该企业10%以上股份的职员）； ● 除法定的用于实验的动物购买支出外，其他情形下动物购买或租赁支出

最后，研发支出扣除政策规定具体扣除方法。研发支出扣除方法具体有两种：传统法（traditional method，以前称为"常规方法"）和代理法（proxy method）。传统法下，可扣除的支出较多，针对企业一般的研发支出基本上都能得到相应的扣除。代理法下，对于企业可扣除的研发支出则有较多的限制条件，仅仅与研发活动直接有关的支出才能进行扣除，而一些与研发相关的特定性支出则不能扣除，如办公用品支出和未分配研发任务的研发人员工资薪金。同时，有三项内容在任何一种扣除方法下都不予扣除：一是任何形式的政府援

助或非政府援助、联邦政府投资税收抵免；二是在税收年度前的一年，对研发支出的联邦投资税收抵免；三是自 2012 年 11 月 20 日起，各省自行给予的研发税收抵免。两种扣除方法的具体例子对比见表 6 - 5。由于代理法要求可扣除的费用应直接与创新研发相关，有利于激励企业的研发投入，因此，更多选择实施代理法计算。

表 6 - 5　　　　　　　　　两种方法下研发支出扣除计算　　　　　　　　单位：加元

符合条件的研发支出		传统法	代理法
支付给职员的工资薪金	+	100 000	100 000
消耗的材料成本	+	15 000	15 000
支付给分包商的支出	+	40 000	40 000
一般费用：			
办公费用	+	15 000	
后勤职员工资薪金	+	12 000	
设备	+	40 000	40 000
总支出	=	222 000	195 000
上年联邦投资税收抵免额	-	25 000	25 000
当年可扣除研发支出总额	=	197 000	170 000

6.1.3　其他国家促进企业自主创新的研发费用扣除规定

除英国和加拿大之外，许多其他国家也倾向使用加计扣除政策，如发展中国家中，巴西对符合条件的 R&D 费用性支出允许按照 160% ~ 200% 加计扣除，其中，若研发支出比税法规定的某一年的研发支出增长 5% 及以下，可按170% 加计扣除；若增长 5% 以上，可按 180% 加计扣除。同时，在研发形成的专利进行登记时，可再得到 20% 的加计扣除。印度对所有行业从事 R&D 所发生的费用性支出与资本性支出（不包括土地）均给予 100% 的加计扣除，对于生物技术业和生产制造业发生的内部 R&D 支出允许按照 200% 加计扣除。发达国家中，新加坡对符合条件的 R&D 支出允许按照 150% 加计扣除。2016 ~2018 年，对符合条件的 R&D 支出中前 40 万新元享有额外的 150% ~ 400% 的加计扣除。此外，2015 ~ 2018 年，中小企业符合条件的 R&D 支出中前 20 万新元可享有 400% 的加计扣除。[①]

6.2 减按低税率征税是各国主要采用的税率型税收优惠

针对企业自主创新活动实施优惠税率，即减按低于一般水平的税率征税，就是税率型税收优惠。很多国家都针对创新研发采取较低的税率征税，以激励企业从事创新活动。例如，越南根据"科研和技术开发激励政策"，针对符合条件的企业减按 10% 的税率征税，优惠期限为 15 年（经总理特批最长可达 30 年）；瑞典针对研发人员实施社保缴款优惠，瑞典社会保障费法定缴款率为 31.42%，研发人员则降为 10%。[②]

英国为支持企业自主创新，从 2020 年开始，企业所得税的主要税率降至 17%，这一措施在 2020 年 4 月 1 日开始的财政年度实行。

比利时、爱尔兰和以色列为 IP 相关活动制定了新的企业所得税优惠税率。考虑到 BEPS 第 5 项行动计划的关联法规定，爱尔兰在 2016 年 1 月实行了新的税收优惠政策。爱尔兰知识产权开发盒子对在爱尔兰境内进行的研发活动产生的特定 IP 资产而带来的利润征收 6.25% 的企业所得税。

在比利时，"专利收入扣除制度"在 2016 年 7 月被废除，取而代之的是"创新收入抵扣制"。政府在 2007 年就设立了名为"专利收入抵减政策"的专利盒制度，对符合条件的专利收入的 80% 免除纳税，相比其 34% 的法定税率，专利盒的实际适用税率仅为 6.8%，并且该政策不仅适用于比利时公司，还适用于国外公司在比利时设立的常设机构。

在以色列，新的知识产权制度对 IP 为基础的相关收入以及将来转让 IP 获得的收入适用 6% 的企业所得税。6% 的税率适用于符合条件的全球合并总收入超过 100 亿谢克尔（约 25 亿美元）的以色列企业。其他符合条件的收入低于 100 亿谢克尔的企业适用 12% 的税率。此外，由符合条件的企业支付的股

---

① 鞠铭. 研发税收优惠政策的国际比较与借鉴 [J]. 国际税收，2017，17 (6)：61 - 65.
② 魏志梅. 发达国家 R&D 财税政策借鉴研究 [J]. 国际税收，2017，17 (1)：6 - 13.

息征收4%的低预提税。①

荷兰从2010年开始在原专利盒的基础上实施了更为优惠的"创新盒",即对任何技术研发活动产生的所得均减计80%,使得创新盒的实际税率为5%,荷兰的居民企业和非居民企业均可申请享受。

6.3　税收抵免是各国主要采用的税额型税收优惠

6.3.1　英国促进企业自主创新的税收抵免规定

一是中小企业研发支出税收抵免。如果企业经营亏损且放弃向前结转损失,该企业可以选择研发费用税收抵免,也就是由英国税务海关总署(HM-RC)直接向企业支付现金,这种操作方式是直接扣减中小企业的应纳所得额。例如,假设某中小企业2015年4月1日至2016年3月31日,将研发支出税收减免20 000英镑转移到一项会计期间的税收抵免支出。再假设该中小企业年账面利润为26 000英镑,该年研发支出为20 000英镑,在中小企业计划(SMEs)下,企业具体研发支出税收抵免情况见表6-6。

表6-6　　中小企业研发支出为20 000英镑情况下的研发支出税收抵免　　单位:英镑

计算步骤	金额
研发支出	20 000
研发加计扣除额	20 000×130% = 26 000
正常应纳税利润	6 000
经营损失(扣除税收减免额)	-20 000
可转换成税收抵免的研发支出额	20 000
潜在税收抵免	20 000×14.5% = 2 900
应付税收抵免	2 900
可向前或向后结算的损失	0

① 何杨,孟晓雨. 企业所得税最新国际发展趋势研究 [J]. 国际税收, 2017, 17 (12): 21-27.

二是大企业研发支出税收抵免计划（RDEC）。2013 年 4 月 1 日，英国引入研发支出税收抵免计划（RDEC）。该项计划是选择性的，与大企业强化研发支出减免计划同时运行。研发支出税收抵免计划（RDEC）于 2016 年 4 月正式替代大企业计划（LCs）运行。此时，研发支出税收减免率从 2015 年 4 月 1 日起，按 11% 的比率对合理研发支出额进行税收减免。

三是关于分包商研发支出税收优惠规定。如果此企业是一个分包商，代表另一家公司签约，在大公司的计划下仍然可以申请研发支出税收减免。

6.3.2　加拿大促进企业自主创新的税收抵免规定

加拿大促进企业自主创新的税收抵免形式主要有以下几种，即研发人员工薪收入的税收抵免，综合性大学研究、公共研究中心或研究协会的研发支出税收抵免，私人合伙企业竞争性研究的税收抵免，研究协会的费用和会费的税收抵免规定。

一是研发人员工薪收入的税收抵免规定。如果纳税人在加拿大开展研发业务，纳税人就可以为工资支付的费用申请税收抵免。具体应遵守如下规定。

（1）可扣除的支出额（此项可扣除支出额为基于研发人员工薪收入的税收抵免条款下的定义）。取以下两者较小者：给定税收年度可扣除的税收抵免基准值；给定税收年度发生的可扣除支出总额。

（2）给定税收年度税收抵免基准值为 5 万加元。前一年总资产（不包括任何相关公司资产）在 500 万~750 万加元的纳税人，其税收抵免基准值呈线性增长。如果纳税人上一年总资产为 750 万加元以上，税收抵免基准值可达 22.5 万加元。

（3）如果纳税人的全部可扣除的支出大于税收抵免基准值，那么税收抵免基准值就必须用于计算工薪实际税收抵免值，计算公式如下：

$$\frac{\text{工薪实际税收}}{\text{抵免值}} = \frac{\text{可扣除的}}{\text{税收基准值}} \times \frac{\text{研发人员工薪支出}}{\text{总可扣除支出}}$$

（注：给定纳税年度纳税人可扣除的支出必须首先用于减免符合较高税收抵免率的纳税人支出。）

（4）2014 年 6 月 5 日前发生的合格的研发工薪以及 2014 年 6 月 4 日之前

签订研发合同，根据研发合同发生的合格的研发支出，基本税收抵免率为
17.5%。上一年度资产（包括相关公司资产）在500万加元及以下的加拿大
控股企业，基本税收抵免率为37.5%，基本税收抵免率随纳税人资产在500
万~750万加元呈线性递减。增加的税率只适用于最初的300万加元的合格
支出。

（5）2014年6月4日之后发生的合格的研发工薪以及2014年6月3日之
后签订的研发合同，基本税收抵免率为14%。如果为加拿大控股企业，根据
前一税收年度公司资产的数额，其税收抵免率为30%。

二是综合性大学研究、公共研究中心或研究协会的研发支出税收抵免，具
体应遵守如下规定。

（1）可扣除的支出额（此项可扣除支出额为基于研发人员工薪收入的税
收抵免条款下的定义）。取以下两者较小者：给定税收年度可扣除的税收抵免
基准值；给定税收年度发生的可扣除支出总额。

（2）给定税收年度税收抵免基准值为5万加元。前一年总资产（不包括
任何相关公司资产）在500万~750万加元的纳税人，其税收抵免基准值呈线
性增长。如果纳税人上一年总资产为750万加元以上，税收抵免基准值可达
22.5万加元。

（3）如果纳税人的全部可扣除的支出大于税收抵免基准值，那么税收抵
免基准值就必须用于计算工薪实际税收抵免值，计算公式如下：

$$\text{工薪实际税收抵免值} = \text{可扣除的税收基准值} \times \frac{\text{综合性大学研究或公共研究中心或研究协会的研发支出}}{\text{总可扣除支出}}$$

（注：给定纳税年度纳税人可扣除的支出必须首先用于减免符合较高税收
抵免率的纳税人支出。）

（4）2014年6月5日以前纳税人发生的合格研发支出，或者在2014年6
月4日之前签订研发合同，根据研发合同发生的合格的研发支出，税收抵免率
为35%。

（5）2014年6月4日至12月3日纳税人发生的合格研发支出，或者在
2014年6月3日至12月3日签订研发合同，根据研发合同发生的合格研发支

出，税收抵免率为 28%。

（6）2014 年 12 月 2 日之后发生的合格的研发支出，或者在此日期之后签订的研发合同并根据研发合同发生的合格的研发支出，其基本税收抵免率为 14%。如上一年度资产（包括相关公司资产）在 500 万加元及以下的加拿大控股企业，基本税收抵免率可达 30%，基本税收抵免率随纳税人资产在 500 万~750 万加元呈线性递减。增加的税率只适用于最初的 300 万加元的合格支出。

三是私人合伙企业竞争性研究的税收抵免，具体应遵守如下规定。

（1）可扣除的支出额（此项可扣除支出额为基于研发人员工薪收入的税收抵免条款下的定义）。取以下两项较小者：给定税收年度可扣除的税收抵免基准值；给定税收年度发生的可扣除支出总额。

（2）给定税收年度税收抵免基准值为 5 万加元。前一年总资产（不包括任何相关公司资产）在 500 万~750 万加元的纳税人，其税收抵免基准值呈线性增长。如果纳税人上一年总资产为 750 万加元以上，税收抵免基准值可达 22.5 万加元。

（3）如果纳税人的全部可扣除的支出大于税收抵免基准值，那么税收抵免基准值就必须用于计算工薪实际税收抵免值，计算公式如下：

$$\text{工薪实际税收抵免值} = \text{可扣除的税收基准值} \times \frac{\text{私人合伙企业预先竞争的研发支出}}{\text{总可扣除支出}}$$

（注：给定纳税年度纳税人可扣除的支出必须首先用于减免符合较高税收抵免率的纳税人支出。）

（4）对 2014 年 6 月 5 日之前发生在魁北克省研究协会有关研发方面符合条件的费用或会费，纳税人有权享有相当于 35% 的可扣除费用或会费的税收抵免。

（5）2014 年 6 月 5 日之前发生的合格的研发支出或 2014 年 6 月 4 日之前签订研发合同并根据研发合同发生的合格的研发支出，其税收抵免率为 28%。

（6）2014 年 12 月 2 日之后发生的合格的支出以及在此日期之后签订的研发合同，基本税收抵免率为 14%。如上一年度资产（包括相关公司资产）在 500 万加元及以下的加拿大控股企业，基本税收抵免率可达 30%，基本税收抵免率随纳税人资产在 500 万～750 万加元呈线性递减。增加的税率只适用于最初的 300 万加元的合格支出。

四是研究协会的费用和会费的税收抵免，具体应遵守如下规定。

（1）可扣除的支出额（此项可扣除支出额为基于研发人员工薪收入的税收抵免条款下的定义）。取以下两项较小者：给定税收年度可扣除的税收抵免基准值；给定税收年度发生的可扣除支出总额。

（2）给定税收年度税收抵免基准值为 5 万加元。前一年总资产（不包括任何相关公司资产）在 500 万～750 万加元的纳税人，其税收抵免基准值呈线性增长。如果纳税人上一年总资产为 750 万加元以上，税收抵免基准值可达 22.5 万加元。

（3）如果纳税人的全部可扣除的支出大于税收抵免基准值，那么税收抵免基准值就必须用于计算工薪实际税收抵免值，计算公式如下：

$$\frac{工薪实际税收}{抵免值} = \frac{可扣除的}{税收基准值} \times \frac{研究协会的费用和会费的研发支出}{总可扣除支出}$$

（注：给定纳税年度纳税人可扣除的支出必须首先用于减免符合较高税收抵免率的纳税人支出。）

（4）对 2014 年 6 月 5 日之前发生在研究协会有关研发方面符合条件的费用或会费，纳税人有权享有相当于 35% 的可扣除费用或会费的税收抵免。

（5）2014 年 6 月 4 日至 12 月 3 日发生的合格的支出，税收抵免率为 28%。

（6）2014 年 12 月 2 日之后发生的合格的支出，基本税收抵免率为 14%。如上一年度资产（包括相关公司资产）在 500 万加元及以下的加拿大控股企业，基本税收抵免率可达 30%，基本税收抵免率随纳税人资产在 500 万～750 万加元呈线性递减。增加的税率只适用于最初的 300 万加元的合格支出。

6.3.3　美国促进企业自主创新的税收抵免规定

美国对于研发有专门的政策扶持，其宗旨理念体现在美国财政部制定的研发税收抵免（research and experimentation credit，R&E）中。在这一政策中，明确提出研发活动的社会利益超过个人利益，在缺乏干预的市场经济状态下，

会导致研发投入的不足，难以促进经济持续增长。因此，研发税收抵免
（R&E）便是美国政府用于鼓励企业加大研发投入的最显著的一种税式支出，
其主要体现为税额型税收优惠。

美国研发支出税收抵免政策最初于1981年立法，在最终定型前被修改和
扩充共16次。研发税收抵免是一种增量，它等于适用的税收抵免率乘以超过
一定基准值的符合扣除条件的研发费用（qualified research expenses，QRE）。
其研发支出税收抵免的具体政策规定如下。

（1）研发支出税收抵免的基本计算公式。

$$研发税收抵免额 = 适用的税收抵免率 \times \frac{超过一定基准值的符合}{扣除条件的研发费用}$$

（2）研发支出税收抵免的主要方法。美国关于研发支出税收抵免的方法
有两种：一种是"传统法"；另一种是"选择性简化抵免法（alternative simpli-
fied credit，ASC）"。在传统法下，名义抵免率为20%，基准值 = 固定基数百
分比×纳税人连续前4年总收入平均值，其中，固定基数百分比 = 研发费用/
1984~1988年总收入，并且基准值不能少于纳税年度纳税人符合扣除条件研
发费用的50%。纳税人也可以选择采用ASC法计算抵免额。在ASC法下，名
义抵免率为14%，基准值等于连续前三个纳税年度符合扣除条件研发费用的
50%，如果在任何一个连续三个纳税年度没有符合扣除条件研发费用，则抵免
率减为6%。

美国允许研发费用扣除，但不允许其资本化。纳税人要么减少其研发费用
扣除至税收抵免规定的范围内，要么选择一个更小的抵免额（90%的企业纳税
人选择更小的抵免额），即使得采用该种方法后的比率与美国最大法定企业税
率相匹配。这一更小的抵免额将20%和14%的名义抵免率降为13%和9.1%
的实际抵免率。此外，美国规定，符合扣除条件的研发费用（QRE）既包括
合同研发费用，又包括内部研发费用（工资、供应和计算机租赁费），一般情
况下，65%合同支付款项可以视为纳税人符合扣除条件的研发费用，而对于研
究协会，这一比率则为75%。

6.3.4 其他国家促进企业自主创新的税收抵免规定

日本企业所得税的优惠主要体现在费用的税前扣除和支出的税前抵免。例

如，对于国内企业研究开发费以及科技发展支出，企业在申报企业所得税时既可以作递延资产处理，也可到期进行全额扣除；对于部分符合税法要求发生的费用，企业可以通过直接抵免应纳税额获得进一步的优惠；对于部分用在基础技术开发与研究的折旧资产，企业可以依据当年本项支出的 5% 以抵免企业所得税税额；对一些已缴股本低于 1 亿日元的中小企业，它们在科技方面的投入以及研究开发费的支出的 6% 可以直接抵免当年应纳税额。另外，企业在有效运用能源、环保等方面的专项支出，也可以在 6% 的范围内额外抵免税额。[①]

美国分两种情况：（1）常规税收抵免法。企业在纳税年度有效研发投入超过基准值的部分，可享受 20% 的税收抵免，这种方式主要适用于研发投入增长速度超过总收入增长速度的企业。（2）简化抵免法。以企业前三年研发投入平均值的 50% 为基准，企业在纳税年度研发有效投入超过该基准的部分，享受 14% 的税收抵免。如果前三年无研发投入，则当期产生的有效研发投入可享受 6% 的抵扣额。这种方式不考虑总收入增长情况，只考虑研发投入情况，适合于大多数企业。

法国对新设立的创新型企业，直接给予特别税收优惠；对于新建的中小型高新技术企业，可免除 3 年的所得税。同时，法国制定了"高新技术开发投资税优惠"政策，对在高新技术开发区内新办的企业免征 10 年所得税。[②]

卢森堡规定符合条件的知识产权所得 80% 给予免税；马来西亚对于具有新兴工业地位纳税人的有效研发所得，5~10 年内享受 70%~100% 的税收减免。[③]

6.4 加速折旧是各国主要采用的递延型税收优惠

递延型税收优惠也是世界各国常用的方法，其主要采用加速折旧的方式实

---

① 胡勇辉，罗淑琴，黄黎明. 促进创新的企业所得税政策选择：国际经验与启示 [J]. 税务研究，2016，16（12）：62 – 64.

② 柳光强，张晓杰. 部分欧美国家激励新兴产业发展的财税政策及其启示 [J]. 国际税收，2017，17（6）：70 – 72.

③ 魏志梅. 发达国家 R&D 财税政策借鉴研究 [J]. 国际税收，2017，17（1）：6 – 13.

现。例如，巴西允许企业对其 R&D 专用的固定资产在购置年度一次性税前扣除。加拿大对 R&D 设备的购置支出采用一次性折旧，虽然这项政策在 2013 年已经结束，但加拿大政府仍然实施资产成本减免制度（CCA），其中，某些 R&D 资产可归类为第 29 类资产（Class29），并允许三年内折旧完毕（第一年 25%，第二年 50%，第三年 25%）。立陶宛对 R&D 专用固定资产根据其不同类型，允许从一般 3~8 年的折旧年限缩短为 2 年。在加速折旧的基础上，多个 OECD 成员国和金砖国家采用增强折旧政策（enhanced depreciation）。如丹麦政府曾规定 2012~2013 年度对于新购置的 R&D 机器设备可以按照购置价格的 115% 扣除；法国对用于 R&D 的设备和工具根据各自不同的折旧年限确定的年折旧率乘以折旧系数（分为 1.5、2 和 2.5 三档），以此确定折旧额。

另外，为激励中小企业投资，许多 OECD 成员国都制定了折旧与投资优惠政策（depreciation and investment allowances），从而降低企业获取资本的成本。全球金融危机以后，很多国家都规定，中小企业购置的用于研发和创新的固定资产允许在比预期寿命更短的时间计提折旧，在计算企业应纳税所得额中扣除，有些国家甚至允许其符合条件的固定资产支出在设备购置的当年直接作为费用扣除，部分 OECD 国家采用的折旧方法见表 6-7。

表 6-7　　　　部分 OECD 国家针对中小企业创新的折旧与投资优惠政策

国家	折旧方式
澳大利亚	1. 简易规则：中小企业可以把资产汇总在一起，统一计提折旧，目的在于降低小企业的遵从成本 2. 直接扣除：中小企业对低于 1 000 澳元的资产，可以直接扣除
美国	直接扣除：对于投资额小于 20 万美元符合条件的中小企业，每年可选择最高 25 000 美元作为成本直接扣除，当年不能扣除部分，可以结转到以后年度扣除
英国	直接扣除：允许符合条件的中小企业在机器设备购置的当年，全部扣除其资本性支出，最高限额为 20 万英镑
日本	1. 加速折旧：在正常折旧的基础上，对当年购置的机器设备，允许加计扣除投资额的 30%，从而缩短折旧期 2. 直接扣除：允许中小企业购置的低于 30 万日元的资本性支出直接扣除，每年最高可享受 300 万日元
德国	加速折旧

国家	折旧方式
荷兰	加速折旧：中小企业在创业初的前三年，允许全部资产计提折旧，无限额规定
韩国	加速折旧：允许中小企业按其投资额的50%（其他企业25%）扣除
墨西哥	直接扣除：允许中小企业按收现付制计税，投资性支出可以直接扣除

资料来源：付伯颖．中小企业创新激励税收优惠政策的国际比较与借鉴［J］. 国际税收，2017，17（2）：56－59.

6.5　促进协同创新是各国税收优惠支持的重要方向

协同创新是解决单个主体创新资源少、抗风险能力弱等问题的有效途径。根据世界各国主要做法，目前促进协同创新的支持政策主要有：一是以政府为主导建设融资机构合作联合会。打造开放自由的商品和要素流动市场环境，通过经常协作提供利于企业产品创新战略的条件，多区域、向外引进技术创新投入，如此更加适合区域性和小规模企业的协同创新模式。以西班牙巴斯克的蒙德拉贡合作组织为例，该组织可类比发展中国家的农村地区协同结构组织，被称为"内源性局部接收机构"。蒙德拉贡合作社在很大程度上应归功于合作社联合会，包括自己的联合会培训、研究和技术开发部门、咨询服务以及自己的融资机构。二是政府推进制度创新，主张建立地区创新中心。以日本技术都市为例，主要特点是地方政府、本地大学和私营企业在区域层面交互。这样的合作既不是私人的也不是纯粹政府行为，在日本被称为"第三部门"。该模式至今只存在国家级，但在日本第一次被应用于地区级，理论来源于美国高技术水平地区交互模式。模式推行后日本工厂数量建立速度远超历年。三是通过对风险投资进行税收优惠支持中小企业技术进步。如印度政府出台了税收优惠政策，降低协同创新风险投资的风险，包括对协同创新风险投资长期资本利得全部免税，且红利收入也享受免税待遇。这样，在风险投资公司及风险投资者的全部收入中，只有短期的或以利息形式获取的收入才需要缴纳所得税。

6.6 国外促进企业自主创新税收
优惠政策的启示

当前，世界正在酝酿第四次工业革命，各国都在不遗余力抓住这次大变革的机遇，不断推进本国的创新战略，如英国提出工业 2050、德国提出工业 4.0、美国提出工业互联网。同时，为保障这些战略的实施，各国都制定出台了支持本国企业自主创新的一揽子政策，尤其是支持企业自主创新的税收优惠政策，前已述及英国、加拿大、美国及其他国家支持企业自主创新的税收优惠政策，通过梳理这些国家的优惠政策，给了我国很多启示，有不少优惠政策值得我国借鉴。归纳起来主要包括以下七个方面。

6.6.1 税收优惠总体力度较大

从现有世界各国税基型税收优惠所主要采用的研发费用加计扣除方式和税率型税收优惠政策所主要采用的减按低税率征税的方式看，优惠力度都在不断扩大，尤其是对中小企业，其优惠力度更大。

采用研发费用加计扣除进行税基型税收优惠时，多数国家的研发费用加计扣除率在 100% ~200% 之间，还有不少国家的加计扣除率超过 200%。如发达国家中，英国对中小企业研发费用的加计扣除比例为 230%，新加坡对符合条件的 R&D 支出允许按照 150% ~400% 加计扣除。发展中国家中，巴西对符合条件的 R&D 费用性支出允许按照 160% ~200% 加计扣除，印度对于生物技术业和生产制造业发生的内部 R&D 支出允许按照 200% 加计扣除。

采取减按低税率进行税率型税收优惠时，各国所采用的税率也较低。如越南根据"科研和技术开发激励政策"，针对符合条件的企业减按 10% 的税率征税，优惠期限为 15 年（经总理特批最长可达 30 年）；瑞典针对研发人员实施社保缴款优惠，瑞典社会保障费法定缴款率为 31.42%，研发人员则降为 10%；英国为支持企业自主创新，2020 年，企业所得税的主要税率降至 17%，这一措施在 2020 年 4 月 1 日开始的财政年度实行。

6.6.2　税额型税收优惠类型增强

在税基型、税率型、税额型和递延型四种税收优惠类型中，根据世界各国目前促进企业自主创新税收优惠政策情况，可知在四种类型的税收优惠政策中，较为普遍采用的为税基型、税率型和税额型，同时，各国所采用的税收抵免如税额型税收优惠政策越来越普遍，也越来越受各国青睐，如表 6-8 所示，多数国家采取的是税收抵免的税额型税收优惠。

表 6-8　　　　　　　　　部分国家税收优惠类型

国家	税基型	税额型	国家	税基型	税额型
英国		√	西班牙		√
美国		√	新西兰		√
加拿大		√	意大利		√
法国		√	立陶宛	√	
巴西	√		罗马尼亚	√	
比利时	√	√	斯洛文尼亚	√	
日本		√	智利		√
爱尔兰		√	哥伦比亚		√
匈牙利	√		挪威		√
韩国		√	荷兰		√
奥地利		√	葡萄牙		√

资料来源：根据 OECD. Measuring tax support for R&D and innovation［EB/OL］. http：//www. oecd. org/sti/rd-tax-stats. htm, 2019-03-01/2019-06-25 整理。

6.6.3　激励成果转化的税收优惠强化

根据世界各国促进企业自主创新税收优惠政策的情况，不难发现，世界各国越来越重视成果转化阶段的税收优惠政策，值得一提的是，许多国家专门设立了专利盒制度，设置较本国一般税率大幅度下降的低税率，以大力激励和促进研发成果的转化。部分国家促进成果转化的税收优惠见表 6-9，绝大多数国家对成果转化所适用的税率都是较基本税率减半征收，有少数国家（如卢森堡、以色列等）甚至将税率降到基本税率的 20% 以下。

表 6 - 9　　　　　　　　　部分国家成果转化环节的税收优惠　　　　　单位:%

国家	企业所得税 基本税率	成果转化适用 实际税率	国家	企业所得税 基本税率	成果转化适用 实际税率
英国	20	10	匈牙利	9	4.5
卢森堡	27.08	5.42	爱尔兰	12.5	6.25
荷兰	25	7	意大利	24	12
葡萄牙	21	10.5	比利时	29.58	4.437
斯洛伐克	21	10.5	法国	33.33	15
以色列	23	6	西班牙	25	15

资料来源:EY. Worldwide R&D incentives reference guide 2018 [EB/OL]. https://www.ey.com/Publication/ vwLUAssets/ey-2018-worldwide-rd-incentives-reference-guide/$FILE/ey-2018-worldwide-rd-incentives-reference-guide. pdf, 2019 - 03 - 08/2019 - 06 - 25.

6.6.4　企业亏损接转时间较长

各国的促进企业自主创新的税收优惠政策中,对企业亏损的处理,允许接转的时间长度包括 1～5 年、5～10 年、10 年以上和退税四种情形,总体上,实施无限期的国家占多数(见表 6 - 10),大多数国家允许企业亏损接转的年限都较长,甚至不少国家直接选择退税。比利时较为特殊,其处理方法是加计扣除产生的亏损允许向以后年度无限期结转,税收抵免允许向以后年度结转 4 年,如果仍有未使用的税收抵免就退税。西班牙、奥地利和爱尔兰采取的是退税或向以后年度无限期结转的方式。

表 6 - 10　　　　　　　　　部分国家成果转化环节的税收优惠

国家	不接转不退税	1～5 年	5～10 年	10 年以上	退税
英国					√
美国			√		
加拿大			√		
法国					√
巴西	√				
比利时		√		√	√
日本	√				
爱尔兰				√	√

续表

国家	不接转不退税	1~5 年	5~10 年	10 年以上	退税
匈牙利			√	√	
韩国			√		
奥地利				√	√
西班牙				√	√
新西兰					√
意大利				√	
立陶宛				√	
罗马尼亚			√		
斯洛文尼亚			√		
智利					√
哥伦比亚		√			
挪威					√
荷兰		√			
葡萄牙			√		

资料来源：根据 OECD. Measuring tax support for R&D and innovation ［EB/OL］. http：//www. oecd. org/sti/rd-tax-stats. htm，2019 – 03 – 01/2019 – 06 – 25 整理。

6.6.5　税收优惠政策评估及时并具导向性

政策评估的及时，主要指这些国家对本国促进企业自主创新的税收优惠政策的实施都制定了严格的实施效果跟踪评估机制，甚至采取强制性的评估机制，而且评估都非常及时。例如，澳大利亚非常注重税收激励政策的评估与考评，设计了完善的跟踪审查机制进行制度考评；英国、美国、加拿大对本国的自主创新税收优惠政策都制定了严格的事后考核、评估和监督机制。

导向性是指各国对其政策评估的结果运用都非常好，通常是对政策实施效果评估之后，充分运用政策实施评估结果进一步完善现有税收优惠政策，并长期保存好资料，以备未来作为新政策制定的重要参考，而一些前瞻较好的评估结果，将对本国改革、完善促进企业自主创新的税收优惠政策具有很好的导向作用。如澳大利亚就会利用每年关于促进自主创新研发支出税收激励政策评估报告对本国政策进行调整与优化。

6.6.6 税收优惠政策实施较为适度及稳定

政策实施的适度，主要指这些国家在制定促进企业自主创新的税收优惠政策时都会充分地论证由于政策实施而给政府造成的财政负担。政策实施产生财政负担的适度性，也即政策实施产生的财政收入减少或财政支出增加应处于政府的财政负担能力之内。例如，加拿大为使政策实施之后财政负担适度，采取使用税收抵免基准值的限定；美国为实现政策实施之后财政负担的适度，只对企业研发费用超额部分进行税收抵免；澳大利亚为实现政策实施之后政府财政负担的适度，首先是废除现有研发税收减让政策，其次是通过 2010 年 10 月 22 日研发费用议会修正案推迟税收激励政策的正式实施日期，最后是规定只对加总年营业收入不超过 2 000 万澳元的企业给予 43.5% 可退税抵免。

政策实施的稳定，指这些国家制定的促进本国企业自主创新的税收优惠政策整体框架都保持较为稳定，经过充分论证、反复修改之后实施的政策，其存续时间都会较长，后续实施阶段对政策的调整都是有限调整。例如，美国研发支出税收抵免政策最早是基于 1981 年研发支出税收抵免立法；澳大利亚 2011 年 7 月 1 日前后分别实施的研发税收减让政策和税收激励政策其整体框架基本保持稳定。

6.6.7 税收优惠政策定位较为精准及灵活

政策定位的精准，主要指这些国家制定的促进企业自主创新的税收优惠政策定位非常明确，其优惠方式主要以税基型和税额型优惠为主，其优惠重点主要以特定产业（如高新技术产业）优惠为主，这些在英国、加拿大、美国及澳大利亚的税收优惠政策中都有体现。如加拿大的税收优惠政策主要针对与创新密切相关的领域，包括研究院所、高等院校等。

政策定位的灵活，则表现在这些国家制定的税收优惠政策在总体框架一定的情况下，充分考虑到被优惠对象所处的地区、所处的行业、所具有的规模以及其自主性。例如，加拿大的税收优惠政策在保证全国整体一致的基础上，充分体现了各个省的具体情况，给予各个省较大的自主权利；英国在统一的规则背景下，分别制定了中小企业计划与大企业计划；美国在统一的制度设计背景下，给予企业自主选择抵扣方法的权力；澳大利亚则对中小企业有更大的优惠，促使中小企业更积极地参与研发。

第 7 章

完善我国企业自主创新税收优惠政策的建议

针对企业自主创新制定相关激励政策，我国在 20 世纪 80 年代开始起步，进入 21 世纪以来，在建设创新型国家战略的引领下，在国家提出创新发展理念的背景下，国家制定了一系列支持鼓励企业自主创新的政策，包括财政补贴政策、税收政策、产业政策、金融政策等，尤其是 2006 年国务院出台《实施〈国家中长期科学和技术发展规划纲要（2006—2020 年)〉的若干配套政策》，其中就包括一系列促进企业自主创新的税收优惠政策，具体有企业创新准备阶段的税收优惠政策、企业研发环节的税收优惠政策、鼓励科研成果转化的税收优惠政策、企业产品中试阶段的税收优惠政策、产业化阶段税收优惠政策，几乎涵盖企业每一个环节的创新。尽管如此，我国促进企业自主创新的税收优惠政策仍然存在诸如促进企业自主创新的财税政策体系不够完善、税收激励企业自主创新人才的针对性不强、激励企业自主创新的税收优惠方式欠科学、政府对制定的相关税收优惠政策管理不完善等问题。如何针对这些问题，并结合对税收优惠政策促进企业自主创新效应的传导机制和理论推导，税收优惠政策促进企业自主创新效应的比较实证检验，以及税收优惠政策促进企业自主创新的国际经验，加快完善我国促进企业自主创新的税收优惠政策，本书提出以下建议。

7.1　制定促进企业自主创新税收优惠政策的基本原则

7.1.1　财政法治化原则

财政法治化，是指将以国家为主体的财政分配关系全面纳入法治化轨道，依照宪法、法律和行政法规的规定，实施国家（或政府）财政活动，实现财政收入、财政支出、财政管理及财政政策规范化、法治化、制度化。可见，实现财政政策法治化是财政法治化的重要内容，在财政全面法治化的背景下，财政政策也应实现全方位法治化。财政政策全方位法治化，是指包括财政政策制定、财政政策执行以及财政政策效率评价等内容在内的全面法治化。促进企业自主创新的税收优惠政策是财政政策的重要组成部分，其制定、执行、管理及监督都应实现全方位法治化。

促进企业自主创新的税收优惠政策制定法治化，就是要做到制定税收优惠政策应通过严格的法定程序，以法的形式明确这一财政政策，尤其是重大优惠政策制定、改革、完善之前要对经济社会状况进行充分的调查研究，全面掌握情况，在政策制定过程之中充分酝酿论证，研讨听证，集思广益，在政策制定之后要广泛宣传，取得最大限度的理解支持。促进企业自主创新的税收优惠政策执行法治化，就是要做到政策执行主体，也即由哪一级政府以及政府的哪个部门来执行应依法明确；政策执行手段，也即这一政策所运用的财政政策具体工具应明确；政策执行范围，也即这一税收优惠政策执行的时间、空间范围应依法明确，做到执行横向到边、纵向到底。促进企业自主创新的税收优惠政策效率评价法治化，关键就是要依法明确这一税收优惠政策要进行事后评估，不仅要事后评估，还要建立责任倒查、倒追机制，以通过法治手段尽量提高促进企业自主创新的税收优惠政策的实施效率。

对于促进企业自主创新的税收优惠政策也应成为全面预算的内容，纳入全面预算体系，在转移性支出中列入促进企业自主创新税收优惠政策预算，对这一政策实施将会给财政造成的负担做到提前预测。促进企业自主创新的税收优惠政策也应体现在有利于优化资源配置、促进社会公平、维护市场统一的税收制度体系，并且实现"税收优惠政策法定"，尽快清理一些地区现有的不符合上述要求的税收优惠政策，尤其是对地方滥用税收优惠政策导致恶性竞争的现象坚决取缔和抵制。同时，要进一步明确不同层级政府在制定、实施及管理促进企业自主创新税收优惠政策中责、权、利的关系。

7.1.2 财政现代化原则

党的十八届三中全会将财政定位为"国家治理的基础和重要支柱"，同时，提出财政未来的发展目标是建立适应经济社会发展需要的"现代财政制度"，推进财政现代化。根据现代财政制度的基本内涵、特征以及财政现代化的重点内容，推进财政现代化。首先，建立公开透明、全面规范的现代预算制度，促使政府编制预算时遵循严格的管理规定和相关流程，政府提交的预算报告必须经各级人民代表大会审查批准方可实施，预算经各级人民代表大会通过后必须严格执行，在预算执行环节，各级人民代表大会、审计、监察机关还要依法对预算执行情况进行跟踪监督。其次，建立健全有利于优化资源配置、促进社会公平、维护市场统一的税收制度体系，并且促使国家真正实现"税收法定"。最后，调整中央和地方政府间财税关系，建立事权和支出责任相适应的制度，促使各级政府理顺政府间财税关系，建立事权与支出责任相适应的制度，推进各级政府事权规范化、法制化。

促进企业自主创新的税收优惠政策也应成为全面预算的内容，纳入全面预算体系，在转移性支出中列入促进企业自主创新税收优惠政策预算，对这一政策实施将会给财政造成的负担做到提前预测。促进企业自主创新的税收优惠政策也应体现有利于优化资源配置、促进社会公平、维护市场统一的税收制度体系，并且实现"税收优惠政策法定"，尽快清理一些地区现有的不符合上述要求的税收优惠政策，尤其是对地方滥用税收优惠政策导致恶性竞争的现象坚决取缔和抵制。同时，要进一步明确不同层级政府在制定、实施及管理促进企业自主创新税收优惠政策中的责、权、利关系。

7.1.3　税收效率原则

税收效率原则是指设计的税收制度、制定的税收政策在实现以最小成本取得最大税收收入的同时，有利于资源的优化配置及经济稳定增长和经济效益的提高。税收的效率原则又分为税收的行政效率和税收的经济效率。[①] 税收行政效率指的是税收制度和政策应实现以最小的成本取得最大的税收收入，也即尽量使税收成本最小（税收成本主要由征税成本和纳税成本两部分组成）。税收经济效率指的是税收制度和政策要有利于资源的优化配置及经济稳定增长和经济效益的提高，也即取得税收收入的同时有利于促进社会经济发展。

基于此，制定促进企业自主创新的税收优惠政策坚持效率原则。在税收行政效率方面，制定促进企业自主创新的税收优惠政策一是要减少征税成本，二是要减少纳税成本。减少征税成本，在税收优惠政策制定时，就应该做到前瞻性和全局性，并做到原则性与灵活性相结合，这样可以使税收优惠政策保持稳定，从而减少政策修订成本、政策培训成本，以及减少税务部门的操作成本，即政策的菜单成本。减少纳税成本，在税收优惠政策制定时，就应做到在可能的情况下尽量使税收优惠政策简单易懂，减少纳税人的学习成本。在税收的经济效率方面，制定促进企业自主创新的税收优惠政策要避免税收优惠政策对经济社会发展产生负面影响，这主要解决当前税收优惠政策制定时各个地方的自主权过大，导致各地滥用税收优惠政策带来恶性竞争，从而经济发展产生负面影响。在此基础上，促进企业自主创新的税收优惠政策应该要想方设法促进企业或全社会提高创新产出，要有利于推动企业的自主创新投入，从而提升全社会的创新能力。

7.1.4　税收公平原则

税收公平原则是指设计的税收制度、制定的税收政策要实现纳税能力相同者纳同样的税，纳税能力不同者应区别对待，即多收入者多纳税，少收入者少纳税，没有收入者就不纳税，税收公平原则包括横向公平和纵向公平。[②] 税收

横向公平原则，即对具有相同条件的同类纳税人实行相同的税收征管政策。具体表现为：一是在判断纳税人时要确定某一税种的纳税人是否属于同类纳税人，同类纳税人应一视同仁地对待。二是对同类征税对象应一视同仁地对待。三是对收入、财产、所得等税源应考虑实际情况做必要的扣除，不能直接用来衡量纳税人的负担能力。税收纵向公平原则，即对具有不同条件或不同类的纳税人实行不同的税收征管政策。具体表现为：一是根据征税对象或计税依据的多少分档设计税率，分别进行计征。二是在设计税率及扣除标准时应考虑征税对象的特征及性质，特征和性质不同的征税对象应区别对待。

基于此，制定促进企业自主创新的税收优惠政策坚持公平原则。在税收横向公平方面，制定促进企业自主创新的税收优惠政策：一是应针对同类行业自主创新企业实施相同的优惠，也即实施行业优惠，而非地区优惠。二是对自主创新企业同类征税对象在税收优惠上应一视同仁。三是实施税收优惠不能只依据企业的收入、财产或企业的所得，应根据企业相关业务及各种相关负担确定各个企业的优惠程度。在税收纵向公平方面，制定促进企业自主创新的税收优惠政策应做到对科技型或创新型中、小、微企业采取更大的优惠力度，进一步提高其研发费用税前加计扣除的比例。中、小、微企业在国民经济发展中扮演着重要的角色，也是国家创新来源的重要主体，应对其自主创新给予更大力度的帮助和支持。

7.2 优化促进企业自主创新的税收优惠政策体系

7.2.1 提升企业自主创新税收优惠政策权威

我国现行促进企业自主创新的税收优惠政策呈现较为散、乱、杂、碎的状态。根据对我国促进企业自主创新税收优惠政策效应的比较实证检验，包括不同种类税收优惠政策促进企业自主创新效应的比较分析，以及税收优惠政策促进不同地区、不同行业、不同所有制性质及不同证券板块企业自主创新的效应比较分析，发现现行某些税收优惠政策项目（如采用实际税率评估的税收优惠政策）甚至出现效应甚微的现象。因此，应尽快全面提升促进企业自主创新的税收优惠政策的权威。

一是实现促进企业自主创新税收优惠政策的法治化。党的十八届三中、四中全会都强调建设法治财政的重要性，而法治财政指财政全方位的法治化，即包括财政支出、财政收入、财政管理与财政政策的全面法治化，并且尤其强调税收法定。促进企业自主创新的税收优惠政策是国家税收体系的重要组成部分，也是财政支出的重要组成部分，理应实现法定原则，实现法定之后其权威性自然会得到提升。

二是实现促进企业自主创新税收优惠政策的稳定性。我国促进企业自主创新的税收优惠政策较为散乱，主要体现在优惠政策的种类较多，且时常出现优惠政策重叠享受现象，如研发费用税前加计扣除和优惠税率两项促进企业自主创新的税收优惠政策。同时，我国促进企业自主创新的税收优惠政策出现时常变动的情况，导致企业预期不稳定，出现不少短期行为，这都不利于企业自主创新税收优惠政策的权威性。应加快推进实现企业自主创新税收优惠政策整体规划、长期稳定实施的步伐，以最终实现促进企业自主创新税收优惠政策的权威性。

三是实现促进企业自主创新税收优惠政策制定机构的高层次性。无论是全国性的促进企业自主创新的税收优惠政策，还是中央授权地方制定的与地方发展密切相关的促进企业自主创新的税收优惠政策，其制定、修改及完善尽量由本级政府的最高立法机关实施，以实现其权威性。

7.2.2　明确企业自主创新税收优惠政策重点

我国现行促进企业自主创新的税收优惠政策存在体系不够完善、优惠方式欠科学、优惠管理不到位等问题，同时，根据税收优惠政策促进企业自主创新效应的传导机制，税收优惠政策促进不同行业、不同地区、不同所有制性质和不同证券板块企业创新效应的比较实证检验，以及英国、澳大利亚、美国、加拿大等国家税收优惠政策促进企业自主创新的经验，我国促进企业自主创新的税收优惠政策要充分明确其重点所在。

一是根据当前供给侧结构性改革，以及经济转型和结构调整的方向，确定促进企业自主创新税收优惠政策的行为重点。新一轮工业革命的重点方向是人工智能、物联网、云计算、大数据及 3D 打印等，因此，促进企业自主创新的税收优惠政策应该向这些领域，以及与这些领域密切相关的领域倾斜。

二是从支持企业规模角度看，重点应支持中、小、微企业。中、小、微企业是一国经济中最活跃的部分，是创造利税、创造就业最多的主体，也是一国创新、创业的生力军，相比之下，也是最需要支持的创新、创业主体。因此，在制定或设计促进企业自主创新的税收优惠政策时，在同等条件下，应学习英国促进企业自主创新税收优惠政策中小企业计划的做法，给予我国中、小、微企业更多的税收优惠。

三是由于我国国土面积较大，同时各省份经济发展状况、资源分布和产业布局不同，国家多次颁布税收优惠条款引导企业走向不发达地区、促进经济不发达地区的创新发展，效果并不显著，各地区经济差距仍在不断加大，很大一部分原因在于税收优惠时间较短，通常为 2～5 年，创新企业顾虑颇多，并且不发达地区缺乏相应的高新技术人才的引入政策。因此，我国可以考虑下放一定权利给地方，在明确优惠行业重点基础上，在规定的范围内进行适当的优惠调整，将欠发达的中、西部地区及东北地区作为优惠的重点，以促进各省份的创新和经济发展。

7.2.3　规划企业自主创新的税收优惠政策内容

当前，世界正孕育着一场新的工业革命，即第四次工业革命，世界各国尤其是主要经济体都在想方设法抓住这次工业革命机遇，占得先机，从而赢得工业发展的世界话语权，在世界工业发展竞争中立于不败之地，更好地利用世界的市场与资源推动本国经济社会向前发展。而抓住这次机遇的前提之一是真正实现本国工业发展的创新引领，不断提升本国企业的自主创新能力。这又进一步依赖于本国促进企业自主创新的政策框架体系构建，其中，促进企业自主创新的税收优惠政策又是重中之重。前已述及，我国针对促进企业自主创新制定了一系列的政策，尤其是有关税收方面的优惠政策，但这些政策整体上呈现"散、乱、杂、碎"，以及实施效果不佳等问题。因此，应根据当前世界新一轮工业革命背景，并结合我国当前经济社会发展中的各种特点，如经济发展结构性矛盾突出、地区间发展不平衡问题较突出、经济发展质量不高等，对我国促进企业自主创新的税收优惠政策进行重新整合，实施整体规划创新。总体而言，就是对我国现行促进企业自主创新的税收优惠政策进行破、改和立。

1. 破除扰乱阻碍企业自主创新的税收优惠政策

首先，对我国促进企业自主创新税收优惠政策中一些不合理的政策进行清理，如一些地方性很强，以地区优惠为主，甚至是地方出台的"土政策"，并易导致地区之间恶性竞争的优惠政策给予坚决清理。其次，将一些针对性不强、不能明显体现促进企业自主创新特征的税收优惠政策转为一些配套政策的设计，如企业固定资产加速折旧政策。再次，完善现有优惠政策中一些由于实施环节、实施方式和实施对象分类不合理、不科学而导致实施效果不佳的税收优惠政策。最后，对现有促进企业自主创新的税收优惠政策进行重新整合，整体规划设计，建议以企业研发费用税前加计扣除政策为核心，围绕这一政策进行优惠对象分类、优惠方式选择、优惠环节取舍、优惠时间确定等要素的规划设计。

2. 改革效果不佳的企业自主创新税收优惠政策

通过对我国促进自主创新税收优惠政策的实证检验可知，我国现行促进企业自主创新的税收优惠政策有较好的效果，但与一些创新型国家促进自主创新的税收优惠政策效果相比还有一定的差距，尤其是与当前我国实施全方位高质量发展及面对全球创新竞争热潮的内外部环境要求还存在一定的差距。因此，应顺应新时代发展要求，加快推进促进企业自主创新的税收优惠政策改革，对促进企业自主创新税收优惠政策的范围、力度及方式进行全方位调整。

一是调整促进企业自主创新税收优惠政策的范围。实践证明，促进企业自主创新的税收优惠政策并非多多益善，而应结合本国实际情况设计相应的税收优惠政策，只有适合本国的才是最好的政策，根据第 4 章的实证分析结果可知，比较而言，我国现行促进企业自主创新的税收优惠政策中研发支出加计扣除优惠政策即税基型税收优惠政策效果最好。因此，要着力优化研发支出加计扣除税收优惠政策，将其再进行细化，同时设计供纳税人的选择项。

二是合理确定促进企业自主创新的税收优惠力度。根据《关于提高研究开发费用税前加计扣除比例的通知》规定，在 2018 年 1 月 1 日至 2020 年 12

月 31 日，我国研发支出加计扣除的比例为 75%，建议可以适当提高此比例，将其提高到 100% 左右，根据国际经验，许多国家这一比例在 100% ~ 200%。同时，要规定享受优惠的必要条件，这样有利于真正实现鼓励企业自主创新，如要求享受优惠的企业必须连续从事研发活动 4 年以上，企业每年的研发支出呈有规律的增长趋势。

7.2.4 完善企业自主创新税收优惠政策方式

1. 加快实现优惠方式的多样性

加快优化促进企业自主创新税收优惠政策方式，按照促进企业自主创新税收优惠政策是否实现直接减少纳税人应纳税数额划分，可将促进企业自主创新的税收优惠政策分为直接优惠和间接优惠。按照此标准，我国现行促进企业自主创新的税收优惠政策中属直接优惠的有对高新技术企业实行的低税率和对企业实施的"两免三减半"和"五免五减半"等政策，直接优惠可以带给纳税人享受优惠的直观感受，使纳税人更能体会到实实在在的优惠，其社会福利效应非常明显，但直接优惠的导向性较为模糊。间接优惠如研发费用加计扣除和研究创新人员工资加计扣除等政策，间接优惠的导向性比较清晰，但其投入产出效应却相对较差。可见，直接优惠和间接优惠均有其自身优缺点。基于此，应该构建以直接优惠为主，直接优惠和间接优惠有机结合的促进企业自主创新的税收优惠政策框架体系。同时，对直接优惠导向性模糊的问题，可以通过制定享受政策的相关条件进行弥补；对间接优惠投入产出效应较低的问题，可以通过更加清晰地分析企业所处环境予以解决。

2. 实施更具针对性的税收优惠方式

根据优惠政策针对企业创新行为的阶段不同，促进企业自主创新的税收优惠政策包括创新投入政策和创新产出政策，我国现行促进企业自主创新的税收优惠政策主要集中于创新投入阶段，如研发费用加计扣除政策、对高新技术企业实施的较低税率、对企业实施的"两免三减半"和"五免五减半"等政策，这有利于激励企业增加研发投入。但如果创新产出政策不完善，将不利于创新产出阶段的成果转化，或者更具体地说，是不利于创新成果的本土转化，更糟糕的是，将促使创新成果对外转化，这就使创新成果没有最大限度地惠及本国。因此，要加快构建投入与产出双导向的企业自主创新税收优惠政策，在进一步完善现有创新投入税收优惠政策的同时，借鉴部分发达国家或新兴经济体的做法，加快构建实施主要针对创新产出的"专利盒"制度，以促进我国企业的自主创新及其创新成果的本土转化。

此外，根据前面分析结论可知，我国的基础性研究较弱，发明专利申请水平较低，导致我国创新总体水平不高，而针对这部分的创新优惠政策方式基本没有，因此，应加快推进针对基础性研究和发明专利申请的税收优惠方式制定。

7.2.5　加强企业自主创新税收优惠政策管理

1. 加强企业自主创新税收优惠政策的征管

目前，我国促进企业自主创新的税收优惠政策存在的诸如权威性不高、整体规划统一性不强、政策重点不够明确、政策实施效果评价不到位，以及优惠政策散、乱、杂、碎等问题，与我国促进企业自主创新税收优惠政策的征收管理状况不无关系。税收征收管理制度是一国税收制度的重要组成部分，它是指国家税务部门依照相关法律、法规、管理办法等，按照事先规定的标准，通过相关规定程序，对各种税收制度和政策规定的税收收入、税收支出等进行具体执行的整个过程，它是国家将税收制度和政策贯彻落实到每个纳税客体，即纳税人的重要环节，并保证各项税收制度和政策实施效果的重要举措。因此，也应切实加强促进企业自主创新的税收优惠政策的征收管理工作。

一是切实提高税务机关对促进企业自主创新税收优惠政策的执法水平。严格要求税收征收管理机关人员熟悉促进企业自主创新的税收优惠政策内容、享受优惠所需满足条件等，并针对相关企业进行严格、公开、公平、公正执法。实现执法纵向到底、横向到边。

二是税收征管部分要变简单管理为全面服务。经常针对性地深入相关企业进行企业自主创新税收优惠政策宣传与解读，使能享受自主创新税收优惠政策的企业充分享受，暂时没有享受税收优惠政策的企业要深入了解企业情况，帮助其分析原因，并引导具备一定基础的企业朝着符合国家产业结构调整方向、符合国家创新战略发展方向发展，以便其既加快发展本企业生产，又有条件享受税收优惠政策。

三是要提高对企业享受自主创新税收优惠政策资格的甄别能力。做到不遗漏该享受自主创新税收优惠政策的企业,更不遗漏不该享受自主创新税收优惠政策的企业,对于不能享受自主创新税收优惠政策的企业,要坚决清除出享受税收优惠政策企业的行列,甚至依法追究相关企业责任,以维护促进企业自主创新税收优惠政策的权威性。

四是税收征管部门也要加强促进企业自主创新税收优惠政策效应的内部评估。将内部评估结果与第三方评估进行比较,并组合运用内部评估结果和第三方评估结果,提出进一步改革完善促进企业自主创新税收优惠政策的措施。

2. 有效实施企业自主创新税收优惠政策的评估

公共政策制定实施之后,对其进行效应评估是保证公共政策有效实施的重要内容,也是其必不可少的环节。实践证明,许多国家或地区某项公共政策实施效率很高、实施效应很好,与其实施之后完整科学的公共政策评估体系不无关系。如美国、澳大利亚等国家对其研发支出税收激励政策都有完整的效应评估体系,保证了其实施的良好效应。而我国现行各种公共政策存在重制定、轻实施、轻监督,尤其是轻评估现象,我国制定实施的促进企业自主创新的税收优惠政策也不例外,其评估机制也不健全,没有统一有效地实施税收优惠政策效应评估,严重影响了促进企业自主创新的税收优惠政策效应。因此,应下大气力有效实施促进企业自主创新税收优惠政策效应评估。

一是统一制定促进企业自主创新的税收优惠政策效应评估指标体系,以及评估整体实施方案。评估指标体系由企业创新投入指标(如企业研究资金投入、企业研发人员投入、企业研发设备或者固定资产投入等指标),企业创新产出指标(如企业申请专利数、企业有效专利数、企业新产品销售额、企业实用新型数等指标)共同组成。评估整体实施方案则由评估主体,评估机构、评估对象、评估方法、评估时间、评估注意事项、评估结果应用等部分组成。

二是开发确定科学合理的评估方法。目前,学术界在评估促进企业自主创新税收优惠政策效应时使用较多的还是一些计量经济方法,如多元回归方法、倾向得分匹配法、双重差分法等。应尽快在学术界评估促进企业自主创新税收优惠政策效应使用较多且较成熟的方法基础上开发确定较为统一的评估方法。

建议借助相关大数据平台，最终采用可计算一般均衡模型（CGE）进行促进企业自主创新税收优惠政策效应评估。

三是确定促进企业自主创新税收优惠政策效应评估机构。应该加快培育公共政策实施效应第三方机构评估市场，聘请有资质的第三方评估机构对促进企业自主创新税收优惠政策效应进行公正、严格评估。

四是运用好促进企业自主创新税收优惠政策效应评估结果，依据评估结果进一步改进、优化促进企业自主创新税收优惠政策。

7.3　完善促进企业自主创新的相关配套政策

尽管本书研究重点是，探明促进企业自主创新的税收优惠政策效果如何？其促进不同行业、不同所有制性质、不同地区和不同证券板块企业自主创新的效应如何？有何区别？目前促进企业自主创新的税收优惠政策存在哪些问题？国外部分国家是如何运用税收优惠政策促进企业自主创新的？我国应如何改革完善促进企业自主创新的税收优惠政策，以更好地激励企业自主创新？而事实上，促进企业自主创新却是一项复杂的系统工程，仅仅依赖税收优惠政策远不够实现目标的需要，除了改进完善现行税收优惠政策之外，还应全面提升诸如科技投入支持政策、金融支持政策、政府采购支持政策、科技人才培养支持政策和知识产权保护政策。

7.3.1　完善科技投入政策

科技投入是企业自主创新的根本所在，也是企业自主创新的基础，应进一步完善科技投入政策，以保证和激励与企业自主创新相关的各主体持续加大科技投入力度。

首先，保证在总量上进一步增加科技研发投入，加快建立多主体、多元化、多层次、多渠道、立体化的科技投入机制，使全社会科技研发投入总量占国内生产总值的比重不断提高，以适应建设创新型国家的要求。其次，确保国家财政科技投入资金的稳步增长。各级政府要建立科技投入稳定增长预算机制，将科技投入列为预算保障重点。可以考虑配合《国家中长期科学和技术发展规划纲要（2006—2020年）》编制科技投入中长期预算，以更好保证科技投入的稳定性。再次，确保国家重大战略专项资金及时足额到位，并不断加大战略专项的支持力度，优化财政科技投入结构，在保证重大战略专项的基础上，确保财政科技资金投向基础性领域，投向关系国计民生的领域，投向引领国际产业发展方向、具有国际话语权的领域。最后，积极发挥财政科技投入资金的引导作用，想方设法引导其他主体增加科技投入，使全社会形成科技投入的合力。创新科技投入管理机制，优化管理服务流程。实现一切为了科技创新、为了一切科技创新的管理机制。

7.3.2 完善金融支持政策

企业自主创新活动是典型的高投入、高风险、回收期限长、产出不确定、利润难保障的活动，可见，企业自主创新活动是典型的资本密集型活动，需要大量的资金投入。这就决定了企业自主创新活动离不开资本密集的金融行业，其活动需要国家具备完备的金融政策体系支持，金融体系完备才能为企业自主创新活动保证资金供给，防范创新风险。因此，要加快完善企业自主创新的金融政策支持框架体系。

首先，运用政策性金融体系支持企业自主创新活动。加大政策性金融机构对企业自主创新的支持，重点支持国家重大专项研究、国家重大科技产业化项目、高新技术产品产业化项目等。国家开发银行重点支持国家重大专项和重大科技产业化项目。中国进出口银行主要支持重大科技成果的国际引进、吸收和再创新项目。中国农业发展银行主要支持农业科技转化与农业科技产业化项目。其次，积极引导商业金融机构支持企业自主创新活动，尤其是引导其支持中小企业科技创新活动，为中小企业科技创新活动提供优质的融资服务。再次，加快发展创新风险投资行业，鼓励有能力的企业创建创新风险投资基金，同时，引导有条件的保险公司开展对企业自主创新保险服务，或者与企业开展自主创新风险投资合作。最后，进一步完善资本市场支持企业自主创新活动，进一步完善创业板上市制度，在创业板上市规制中加入企业自主创新等要件，并进一步推进中小板企业上市制度创新。

7.3.3　完善政府采购支持政策

政府采购制度是各国用于支持民族产业，以及支持本国企业开展自主创新的重要制度。政府采购具有采购规模大、采购资金来源稳定、采购领域广泛、采购能力强大、采购货款支付及时等特点，这些特点正好有利于支持企业自主创新。因此，应进一步改革完善我国的政府采购制度，使其在更好地发挥现有功能（如节约使用财政资金、支持民族产业发展等）基础上，在符合国际惯例、国际规则的条件下，同时赋予支持企业自主创新的功能。

首先，加快建立政府采购企业自主创新产品制度，建立企业自主创新产品认证标准体系，对符合认证标准体系、被认证为企业自主创新产品的，政府采购应实施优先采购，在安排政府采购预算资金时，优先安排采购企业自主创新产品资金。其次，完善政府采购评审标准和方法，给予企业自主创新产品优先采购待遇。在同等条件下，如果政府需要采购的产品具有被认证为自主创新产品的，政府应优先采购。如果价格在采购规定的范围之内，即使自主创新产品价格略高一些，也应优先采购。再次，加快建立企业自主创新产品政府订购或首购制度。企业自主创新产品通常生产之初很难打开市场，市场竞争力通常都较弱，政府这时就可以采取政府采购大量订购或首购，以支持企业自主创新产品顺利进入市场。最后，发挥国防、军用采购对企业自主创新产品的采购支持。

7.3.4　完善人才培养支持政策

人才是企业自主创新活动中最活跃的因素，也是企业自主创新中最关键的因素，没有大批科技人才投身企业自主创新，企业自主创新将无法进行，企业自主创新将无从谈起。无论是站在国家层面，还是站在企业角度，人才都是企业自主创新不可或缺的要素。一个国家的人才培养、选拔、管理和激励政策决定了其科技人才的规模和水平，并最终决定了一国企业的自主创新能力。因此，要加快全方位完善科技人才培养支持政策，以促进企业自主创新。

首先，完善科技人才培养政策，建立一整套科技人才培养体系，促进高等院校、科研院所和企业协同培养科技人才的机制，为科技人才成长成才搭建良好平台。积极依托国家重大科技专项梯度培养人才，赋予重大专项创新和培养人才的双重职能，实现在创新中培养人才，在人才培养中实现创新。其次，支持企业选拔与引进优秀人才。在引进人才奖励制度与政策方面，国家和各级地方政府应给予所有企业一视同仁的待遇，尤其是给予中小企业更多关注和政策支持。再次，改革国家人事管理制度，建立有利于科技人才自由流动的人才管理制度。实现科技人才在各地区、各行业、各单位的配置达到最优状态，充分发挥科技人才的潜能和创造力。最后，建立完善的科技人才评价和奖励制度。改革现有唯论文、唯项目的科技人才评价机制，建立有利于科技人才潜心钻研的评价机制。促使科技人才在各自领域进行潜心钻研，减少甚至杜绝急功近利现象。

7.3.5　完善知识产权保护政策

完善的知识产权保护制度也是提高一国企业自主创新积极性的重要保障，由于企业自主创新的公共产品属性、效益外溢性特征，其自主创新的积极性会大打折扣。因为企业是趋利的，当其潜心自主创新研发生产产品的收益还不如模仿或抄袭所获收益，其就不会选择进行自主创新。因此，应加快完善知识产权保护政策，建立知识产权保护体系，为企业自主创新保驾护航。

首先，进一步完善国家知识产权保护法、专利法等与保护企业自主创新密切相关的法律，并严格执行这些法律，做到知识产权保护方面的科学立法、严格执法、公正司法和全民守法，为企业自主创新营造良好的法治环境。其次，进一步完善专利申报审核制度。可以考虑进一步缩短专利申报审核周期，实施专利申报跟踪培育机制，服务专利申报企业，以更快速度获得专利，享受专利保护，更快从申请专利保护上获益。再次，建立重大发明创造专利专项审查保护机制。对国家重大科技专项和国家产业化科技专项实施专项审查保护机制，进行全程培育与服务，由国家科技部门派专员实行门对门服务，点对点服务。最后，加强知识产权保护国际合作。积极参考国际认证体系合作。了解掌握国际知识产权保护动态，提升知识产权保护国际水平，尽快实现知识产权保护的国际接轨。

7.3.6　完善促进企业参与协同创新的政策

根据当前创新模式的发展趋势，政府、企业、科研院所、知识生产机构和中介机构协同创新是新时代知识经济背景下的重要创新模式。因此，国家各类支持政策应紧跟时代，回应时代要求，大力支持各类主体的协同创新。税收优惠政策是各类支持政策的重要组成部分，理应尽快加强。

协同创新是各类创新主体拥有要素实现创新互惠，资源优化配置，知识的共享，行动最优同步，彼此良性互动，高水平的系统匹配度的创新模式。协同创新分为面向科学前沿创新、面向文化传承创新、面向行业产业创新和面向区域发展创新四大类型，其发展也具有公共性和效益外溢性。因此，要加快制定有利的政策与保障措施支持和发展协同创新。一是建立健全协同创新中央财政投入渠道，使之稳定支持培育产业技术综合竞争实力强、产业化价值大的研发组织。国家及省级各类重大项目优先向实施协同创新的主体倾斜。同时，在保障政府财政资金投入的基础上，想方设法发挥多方积极性，进一步吸收社会资本、资源参与协同创新，形成国家与地方、企业和社会创新机构联合共建机制。探索中央支持与地方支持相结合、稳定支持与项目支持相结合、财政资金投入与企业和社会资金投入相结合的多种支持方式和渠道。调动各级各类资源，加强各类主体的集成与衔接，同时，避免重复建设，资源浪费及散、乱、杂现象。二是要主动加强与现有各级各类人才发展规划、计划和工程的衔接，吸引和聚集优秀的创新人才和创新团队，开展广泛的国际国内交流与合作。在不危害国家安全稳定、不泄漏国家机密的前提下，吸引世界各国优秀人才、团队共同参与我国科技创新和攻关，大力提高基础研究、高技术前沿研究领域与产业、技术、品牌、管理创新的国际竞争力和话语权。

第8章

研究结论及研究展望

8.1 研究结论

本书运用文献分析、实证定量分析、比较分析和归纳演绎分析等研究方法，分析了现行税收优惠政策促进企业自主创新的现状及存在的问题，税收优惠政策促进企业自主创新的机理，不同类型税收优惠政策促进企业自主创新显著性，比较分析了不同类型税收优惠政策促进企业自主创新的效应，即税收优惠政策和财政补贴政策促进企业自主创新的效应比较，税基型税收优惠政策和税率型税收优惠政策促进企业自主创新的效应比较，以及税收优惠政策促进不同特征企业自主创新的作用，即税收优惠政策促进不同行业企业，不同所有权性质企业，不同发展阶段企业即不同证券板块企业和不同地区企业自主创新的作用，归纳总结了税收优惠政策促进企业自主创新的国际经验，最终得出如下相关结论。

8.1.1 规范分析结论

通过分析我国现行税收优惠政策促进企业自主创新的现状及存在的问题，发现当前我国企业自主创新经费投入额逐年增加，但增长幅度逐年下降。人员数量有所增长，但增长幅度较低。自主创新产出质量不高，知识产权受侵案件普遍存在。企业自主创新的行业和地区差别都较为明显。企业自主创新表现出研发投入相对不足、基础性研究和核心技术相对较弱、科研成果产出所带来的市场价值较低、企业创新实力不足且分化明显、企业自主创新环境欠佳、企业自主创新的国际竞争力较弱等问题。促进企业自主创新的税收优惠政策存在的主要问题有税收优惠政策内容不够完善、税收优惠政策方式不够科学、税收优惠政策的管理不够严密等。

8.1.2　实证分析结论

1. 税收优惠总体显著促进企业自主创新

根据实证检验结果可知，总体税收优惠即实际税率（RTR）与研发投入强度（RDI）显著负相关，且总体税收优惠即实际税率（RTR）在1%水平下通过显著性检验，因此，总体税收优惠显著促进了企业的自主创新。同时，净资产收益率（ROE）、资产负债率（DEBTR）、营业利润率（PROFITR）、公司规模（SIZE）、市场竞争（COMPETITION）、研发人员占比（RESEARCHERR）、成立年限（AGE）、无形资产（INTANGIBLEA）等控制自变量均与研发投入强度（RDI）显著相关，其中，净资产收益率（ROE）、资产负债率（DEBTR）、公司规模（SIZE）、成立年限（AGE）与研发投入强度（RDI）显著负相关，且均在1%水平下通过显著性检验。营业利润率（PROFITR）、市场竞争（COMPETITION）、研发人员占比（RESEARCHERR）、无形资产（INTANGIB-LEA）等控制自变量均与研发投入强度（RDI）显著正相关，且研发人员占比（RESEARCHERR）和无形资产（INTANGIBLEA）在1%水平下通过显著性检验，营业利润率（PROFITR）和市场竞争（COMPETITION）在5%水平下通过显著性检验。这表明净资产收益率（ROE）、资产负债率（DEBTR）、公司规模（SIZE）、成立年限（AGE）等对企业自主创新具有负向影响，而营业利润率（PROFITR）、研发人员占比（RESEARCHERR）、市场竞争（COMPETI-TION）、无形资产（INTANGIBLEA）等对企业自主创新具有正向影响。

2. 不同类型优惠政策促进企业自主创新的效果不尽相同

一是根据实证检验结果可知，经过标准化之后的变量实际税率（RTR）及财政补贴强度（SUBSIDYR）均通过显著性检验，且实际税率（RTR）在5%水平下通过显著性检验，财政补贴强度（SUBSIDYR）在1%水平下通过显著性检验。同时，实际税率（RTR）及财政补贴强度（SUBSIDYR）变量的系数

分别为 -0.000 446 及 0.143 558。从而可知，税收优惠政策和财政补贴政策均显著促进企业自主创新投入，但财政补贴强度（SUBSIDYR）政策促进企业自主创新投入优于实际税率（RTR）即税收优惠政策。

二是根据实证检验结果可知，经过标准化之后的变量税收优惠强度（TAXRI）和加计扣除优惠强度（DEDUCTION）均通过显著性检验，且税收优惠强度（TAXRI）在5%水平下通过显著性检验，加计扣除优惠强度（DEDUCTION）在1%水平下通过显著性检验。同时，税收优惠强度（TAXRI）和加计扣除优惠强度（DEDUCTION）变量的系数分别为0.010 250 和0.578 891。从而可知，加计扣除优惠强度（DEDUCTION）即税基型税收优惠政策促进企业自主创新优于税收优惠强度（TAXRI）即税率型税收优惠政策。

3. 不同类型优惠政策促进不同特征企业自主创新的差异较大

考察各类优惠政策（包括总体税收优惠政策、税率型税收优惠政策、税基型税收优惠政策）及财政补贴政策促进不同行业企业、不同所有制性质企业、不同发展阶段企业即不同证券板块企业，以及不同地区企业自主创新的情况。根据实验回归结果，可以得出如下结论。

（1）不同行业企业差异。

一是将其他行业（含科技服务业）作为参照，总体税收优惠政策即实际税率（RTR）促进其他行业（含科技服务业）企业自主创新的效用更好，对制造业次之，促进信息传输业和建筑业企业自主创新的效果不明显。

二是与制造业、信息传输业和建筑业相比，税率型税收优惠政策即税收优惠强度（TAXRI）促进其他行业（含科技服务业）企业自主创新的效应更好，对制造业效应次之，对信息传输企业和建筑业企业的促进效应不显著。

三是与制造业、信息传输业和建筑业相比，税基型税收优惠政策即加计扣除优惠强度（DEDUCTION）促进其他行业（含科技服务业）企业自主创新的效应更好，对制造业效应次之，对信息传输企业和建筑业企业的促进效应不显著。

四是财政补贴政策促进信息传输业企业自主创新的效应最佳，其次是制造业企业，再次是科技服务业企业，财政补贴政策促进建筑业企业自主创新的效应不明显。

（2）不同所有权性质企业差异。

一是总体税收优惠即实际税率（RTR）促进其他所有权性质企业（包括公众企业、外资企业和集体企业等）、地方国有企业和民营企业自主创新的效应更强，促进效应最佳的是民营企业，其次是其他企业，再次是地方国有企业，总体税收优惠促进中央国有企业自主创新效应不够明显。

二是与民营企业相比，税率型税收优惠政策即税收优惠强度（TAXRI）促进其他所有权性质企业（包括公众企业、外资企业和集体企业等）自主创新的作用更弱，而与中央国有企业、地方国有企业相比其促进作用更强，促进作用最佳的是民营企业，其次是其他企业，再次是地方国有企业，最后是中央国有企业。

三是与中央国有企业、地方国有企业和民营企业相比，税基型税收优惠政策即加计扣除优惠强度（DEDUCTION）促进其他所有权性质企业（包括公众企业、外资企业和集体企业等）自主创新的作用最强，其次是地方国有企业，再次是民营企业，最后是中央国有企业。

四是与中央国有企业、地方国有企业和其他所有权性质企业（包括公众企业、外资企业和集体企业等）相比，财政补贴强度（SUBSIDYR）促进民营企业自主创新的作用最强，其次是其他所有权性质企业（包括公众企业、外资企业和集体企业等），再次是中央国有企业，对地方国有企业自主创新的促进效应不显著。

（3）不同发展阶段企业差异。

一是与主板企业和中小板企业相比，总体税收优惠即实际税率（RTR）促进不同发展阶段企业的自主创新最显著的为创业板企业，其次是中小板企业，促进主板企业自主创新的效应不显著。

二是相对于主板企业和中小板企业，税率型税收优惠政策即税收优惠强度（TAXRI）促进创业板企业自主创新的效应最为显著，其次是中小板企业，再次是主板企业。

三是相对于主板企业和中小板企业，税基型税收优惠政策即加计扣除优惠强度（DEDUCTION）促进创业板企业自主创新的作用最显著，促进中小板企业的自主创新作用次之，促进主板企业自主创新的作用显著，但相比之下最弱。

四是相对于主板企业和中小板企业，财政补贴强度（SUBSIDYR）促进创业板企业自主创新的效应最显著，促进中小板企业自主创新的效应次之，促进主板企业自主创新的效应不显著。

（4）不同地区企业差异。

一是与东部地区、中部地区和西部地区相比，总体税收优惠即实际税率（RTR）促进东北地区企业自主创新的效应最显著，中部地区次之，接着是西部地区，最后是东部地区。

二是与东部地区、中部地区和西部地区相比，税率型税收优惠政策即税收优惠强度（TAXRI）促进东北地区企业自主创新的效应最显著，促进东部地区、中部地区和西部地区企业自主创新的效应显著，并且西部地区最显著，其次是中部地区，最后是东部地区。

三是与东部地区和中部地区相比，税基型税收优惠政策即加计扣除优惠强度（DEDUCTION）促进西部地区和东北地区企业自主创新的效应更强，且促进东北地区企业自主创新的效应比西部地区的效应更显著，促进东部地区和中部地区企业自主创新的效应较东北地区弱，与东北地区相比，促进效应最弱的为东部地区。

四是与东北地区相比，财政补贴强度（SUBSIDYR）促进东部地区、中部地区和西部地区企业自主创新的作用更显著，促进中部地区和西部地区企业自主创新效应最显著，且促进中部地区企业自主创新的效应比西部地区的效应更显著。

8.1.3　国际经验分析结论

通过归纳总结世界部分典型国家税收优惠政策促进企业自主创新的经验，发现完善的促进企业自主创新的税收优惠政策应实现政策制定的统一性与谨慎性、政策定位的精准性与灵活性、政策实施的适度性与稳定性、政策评估的及时性与导向性。同时，各国促进企业自主创新税收优惠政策的关注重点为总体优惠力度都在不断加大、税额型税收优惠类型不断增强、激励成果转化的税收优惠不断强化、企业亏损接转的时间总体较长等。

8.2 研究展望

本书围绕研究目标及希望解决的关键问题，集中研究分析了税收优惠政策促进企业自主创新的机理，实证检验了总体税收优惠政策促进企业自主创新的显著性，不同类型税收优惠政策促进企业自主创新的效应，即税收优惠政策和财政补贴政策以及税率型税收优惠政策和税基型税收优惠政策促进企业自主创新的效应比较分析，不同类型税收优惠政策促进不同特征企业自主创新效应的比较分析，最终得出了本书第8章8.1节所述结论，基本达到了预期研究目标，并解决了选题之初希望解决的关键问题。但随着本书研究的不断深入及研究任务的基本完成，同时由于研究受到各种主客观因素的制约，笔者发现，虽然本书研究完成了预期目标，本领域现有相关研究成果也已非常丰富，但仍然只是发现了冰山的一角，还是存在不少可进一步挖掘和深入探索的地方。随着经济社会的不断发展和变迁，就本书完成的研究目标任务而言，沿着本书的研究方向，未来本领域的研究还有以下值得深入挖掘的地方。

8.2.1 研究思路的展望

针对税收优惠政策促进企业自主创新的机理，本书分析税收优惠政策促进企业自主创新的传导机制时，只是分别分析了不同种类税收优惠政策促进企业自主创新的传导机制，没有总结出税收优惠政策促进企业自主创新的一般性传导机制。分析税收优惠政策促进企业自主创新的理论模型推导时，只是采用了微观领域的资本成本分析模型和乔根森标准资本成本模型进行了理论推导，未来可进一步考虑运用宏观经济理论模型（如索洛模型、内生增长理论模型和柯布—道格拉斯生产函数等）进行整体理论模型推导，这将会在理论上有更大的创新和发展。

8.2.2 研究方法的展望

针对实证检验税收优惠政策促进企业自主创新效应，本书由于受数据获取、分析方法等客观因素的制约，最终用于分析的数据只是短面板数据

（2014～2016 年），分析方法也较为单一，选取的被解释变量也仍然是企业创新投入指标。未来，随着"互联网＋""大数据"等新技术的发展完善及成熟应用，数据的获取将更加便捷，将更易获得大容量的长面板海量数据。基于此，未来将在分析数据获取、分析被解释变量选取和分析方法选用上大有改进。分析数据将可获取大样本、长面板数据，分析指标可更多选取企业创新产出指标。在分析方法选用上，如果是针对长面板、大样本数据，就可采用可计算一般均衡模型（CEG）分析方法；如果是短面板、小样本数据，也可选用倾向得分匹配法和计数模型分析法。这可使分析结果更加准确，更有可信度，更具说服力。

同时，针对税收优惠类型，本书也只探讨了税率型税收优惠和税基型税收优惠，由于数据获取的限制，没有实证分析税额型税收优惠和递延型税收优惠政策。今后，如果数据获取允许，可以对这两种类型的税收优惠政策促进企业自主创新的效应进行检验。

8.2.3　国际经验研究的展望

针对税收优惠政策促进企业自主创新的国际经验归纳总结，虽然本书对这些国际经验进行归纳总结时选取的国家较多，使用的资料都是这些国家最新的促进企业自主创新税收激励政策的规制和条款，但受语言掌握和理解的制约，还没有对一些国家促进企业自主创新的税收优惠政策进行归纳总结，从而可能导致研究结论会产生偏误。未来，将进一步总结更多国家促进企业自主创新税收优惠政策的典型经验，以供我国参考借鉴。另外，由于当前世界正酝酿一场新的工业革命，世界各国尤其是典型创新型国家都在不遗余力地抓住这次机遇，都在不断调整、改革、创新本国促进企业自主创新的税收优惠政策。因此，还应继续跟踪总结典型创新型国家促进企业自主创新的税收优惠政策经验，以便随时借鉴适应我国经验的做法。

主要参考文献

［1］安同良，周绍东，皮建才. R&D 补贴对中国企业自主创新的激励效应［J］. 财经研究，2009，44（10）：87－98，120.

［2］白晓荣. 促进中小企业技术创新的税收优惠政策研究［J］. 科学管理研究，2014，32（04）：88－91.

［3］曹越，赵书博，王琼琼. 专利盒制度对企业创新的激励效应研究［J］. 财政研究，2019，40（04）：117－129.

［4］曾萍，邬绮虹，蓝海林. 政府的创新支持政策有效吗？——基于珠三角企业的实证研究［J］. 科学学与科学技术管理，2014，35（04）：10－20.

［5］曾萍，邬绮虹. 政府支持与企业创新：研究述评与未来展望［J］. 研究与发展管理，2014，26（02）：98－109.

［6］陈庆海，梁小挥. 完善支持企业自主创新的税收政策探讨［J］. 科技进步与对策，2007，24（07）：7－9.

［7］陈文裕，张雅丹. 完善激励企业自主创新的税收政策思考［J］. 税务研究，2009，25（08）：97.

［8］陈远燕，张鑫媛，薛峰. 知识产权税收激励的国际借鉴与启示——基于符合 BEPS 行动计划的新专利盒制度［J］. 国际税收，2018，31（10）：12－17.

［9］储德银，建克成. 财政政策与产业结构调整——基于总量与结构效应双重视角的实证分析［J］. 经济学家，2014，26（02）：80－91.

［10］戴晨，刘怡. 税收优惠与财政补贴对企业 R&D 影响的比较分析［J］. 经济科学，2008，30（03）：58－71.

［11］戴小勇，成力为. 财政补贴政策对企业研发投入的门槛效应［J］.

科研管理，2014，35（06）：68-76.

[12] 邓晓兰，唐海燕. 税收优惠政策对企业研发的激励效应分析——兼论税收优惠政策的调整［J］. 科技管理研究，2008，28（07）：490-492，507.

[13] 邓子基，杨志宏. 财税政策激励企业技术创新的理论与实证分析［J］. 财贸经济，2011，32（05）：5-10，136.

[14] 董凡，关永红. 完善我国企业知识产权转化的税收优惠制度探析——以国际减税趋势下欧洲"专利盒"制度为鉴［J］. 经济问题，2018，40（05）：23-29，58.

[15] 董娅. 鼓励自主创新的企业所得税新政评析及机制选择［J］. 税务研究，2007，23（09）：52-54.

[16] 董再平. 支持我国科技自主创新的税收政策探讨［J］. 税务与经济，2007，29（01）：80-84.

[17] 董黎明，邵军，王悦. 税收优惠对信息通信业企业研发投入的影响效应研究——基于流转税和所得税视角的比较［J］. 税务研究，2020，36（09）：126-131.

[18] 杜军，王皓妍. 税收优惠政策促进高新技术企业发展的实证研究——以江苏省常州市为例［J］. 税务研究，2013，29（03）：64-68.

[19] 段姝，杨彬. 财政补贴与税收优惠的创新激励效应研究——来自民营科技型企业规模与生命周期的诠释［J］. 科技进步与对策，2020，37（16）：120-127.

[20] 樊慧霞. 促进科技创新的税收激励机制研究［J］. 科学管理研究，2013，33（02）：110-112，120.

[21] 范柏乃，段忠贤，江蕾. 中国自主创新政策：演进、效应与优化［J］. 中国科技论坛，2013，29（09）：5-12.

[22] 范金，赵彤，周应恒. 企业研发费用税前加计扣除政策：依据及对策［J］. 科研管理，2011，32（05）：141-148.

[23] 方重，赵静. 政府公共财政行为激励企业R&D的效应研究［J］. 研究与发展管理，2011，23（03）：102-111.

[24] 房汉廷，张缨. 中国支持科技创新财税政策述评（1978—2006年）

[J]. 中国科技论坛，2007，23（09）：10 - 16.

　　[25] 冯海红，曲婉，李铭禄．税收优惠政策有利于企业加大研发投入吗？[J]．科学学研究，2015，33（05）：665 - 673.

　　[26] 甘行琼，尹磊，薛佳．促进高新技术企业自主创新的财税政策 [J]．财政研究，2008，29（04）：33 - 35.

　　[27] 高萍．支持企业技术创新税收优惠政策的实践与思考——基于湖北省的调研 [J]．税务研究，2011，27（05）：77 - 80.

　　[28] 辜胜阻，王敏．支持创新型国家建设的财税政策体系研究 [J]．财政研究，2012，33（10）：19 - 22.

　　[29] 高正斌，张开志，倪志良．减税能促进企业创新吗？——基于所得税分享改革的准自然实验 [J]．财政研究，2020，41（08）：86 - 100.

　　[30] 韩林静．中小企业所得税优惠政策对技术创新的影响及对策 [J]．税务与经济，2011，33（05）：93 - 97.

　　[31] 韩灵丽，黄冠豪．促进科技创新的企业所得税优惠政策分析 [J]．浙江学刊，2014，52（02）：187 - 191.

　　[32] 韩雪．企业自主创新与财税政策研究 [J]．科技进步与对策，2010，27（16）：97 - 101.

　　[33] 洪勇，李英敏．自主创新的政策传导机制研究 [J]．科学学研究，2012，30（03）：449 - 457.

　　[34] 黄萃，苏竣，施丽萍等．中国高新技术产业税收优惠政策文本量化研究 [J]．科研管理，2011，32（10）：46 - 54，96.

　　[35] 黄辉煌．自主创新税收优惠政策的实证分析 [J]．涉外税务，2007，20（11）：14 - 18.

　　[36] 黄洁莉，汤佩，蒋占华．税收优惠政策下企业研发投入、风险与收益——基于我国农业上市公司的实证检验 [J]．农业技术经济，2014，33（02）：120 - 128.

　　[37] 黄燕，吴婧婧，商晓燕．创新激励政策、风险投资与企业创新投入 [J]．科技管理研究，2013，33（16）：9 - 14.

　　[38] 黄志刚．所得税制对中小企业技术创新的逆向调节与政策建议 [J].

科技进步与对策，2011，28（15）：102 – 105.

[39] 贾俊雪. 税收激励、企业有效平均税率与企业进入［J］. 经济研究，2014，60（07）：94 – 109.

[40] 江静. 公共政策对企业创新支持的绩效——基于直接补贴与税收优惠的比较分析［J］. 科研管理，2011，32（04）：1 – 8，50.

[41] 江希和，王水娟. 企业研发投资税收优惠政策效应研究［J］. 科研管理，2015，36（6）：46 – 52.

[42] 蒋建军，齐建国. 激励企业 R&D 支出的税收效应研究［J］. 科技与经济，2007，20（08）：65 – 84.

[43] 孔淑红. 税收优惠对科技创新促进作用的实证分析——基于省际面板数据的经验分析［J］. 科技进步与对策，2010，23（24）：32 – 36.

[44] 匡小平，肖建华. 典型创新型国家自主创新激励的财税政策［J］. 涉外税务，2007，20（11）：8 – 14.

[45] 匡小平，肖建华. 我国自主创新能力培育的税收优惠政策整合——高新技术企业税收优惠分析［J］. 当代财经，2008，29（01）：23 – 27.

[46] 匡小平，肖建华. 我国自主创新能力培育的税收优惠政策整合——基于高新技术企业税收优惠的分析［J］. 财贸经济，2007，28（S1）：51 – 55.

[47] 匡小平，赵松涛. 企业 R&D 投入的税收激励效应研究［J］. 江西社会科学，2007，28（11）：128 – 132.

[48] 李浩研，崔景华. 税收优惠和直接补贴的协调模式对创新的驱动效应［J］. 税务研究，2014，30（03）：85 – 89.

[49] 李金华. 科技创新税收优惠政策的原则与措施研究［J］. 经济经纬，2009，26（04）：125 – 128.

[50] 李军波，董少锋，谢凤华. 促进我国企业自主知识产权开发政策研究——一个税收激励的视角［J］. 科学管理研究，2007，27（06）：113 – 116.

[51] 李丽青. "企业研发费税前扣除" 政策执行偏差的博弈分析［J］. 科技管理研究，2010，30（23）：222 – 224，228.

[52] 李丽青. 我国现行 R&D 税收优惠政策的有效性研究［J］. 中国软科学，2007，22（07）：115 – 120.

［53］李林木，郭存芝．巨额减免税是否有效促进中国高新技术产业发展［J］．财贸经济，2014，35（05）：14-26.

［54］李薇薇．韩国促进企业自主创新的政策法律研究［J］．华中科技大学学报（社会科学版），2008，29（03）：40-46.

［55］李为人，陈燕清．激励企业自主创新税收优惠政策的优化探析［J］．税务研究，2019，35（10）：40-44.

［56］林颖．促进科技创新的税收政策研究［J］．税务研究，2007，23（01）：14-16.

［57］刘斌，杨开元，王菊仙．小微企业自主创新税收政策的优化思路［J］．税务研究，2013，29（03）：20-23.

［58］刘凤朝，孙玉涛．我国科技政策向创新政策演变的过程、趋势与建议——基于我国289项创新政策的实证分析［J］．中国软科学，2007，22（05）：34-42.

［59］刘金良．鼓励企业技术创新的税收政策研究［J］．税务研究，2006，22（07）：51-53.

［60］刘军民．提升企业自主创新能力的财税政策分析［J］．华中师范大学学报（人文社会科学版），2009，55（02）：45-55.

［61］刘圻，何钰，杨德伟．研发支出加计扣除的实施效果——基于深市中小板上市公司的实证研究［J］．宏观经济研究，2012，34（09）：87-92.

［62］刘小元，林嵩．地方政府行为对创业企业技术创新的影响——基于技术创新资源配置与创新产出的双重视角［J］．研究与发展管理，2013，25（05）：12-25.

［63］刘振．促进企业自主创新的动力因素及其路径关系研究［J］．中国科技论坛，2013，29（01）：63-70.

［64］刘磊，魏志梅，周华伟等．完善企业所得税优惠政策问题研究报告［J］．税务研究，2010，26（02）：53-58.

［65］刘诗源，林志帆，冷志鹏．税收激励提高企业创新水平了吗？——基于企业生命周期理论的检验［J］．经济研究，2020，55（06）：105-121.

［66］刘明慧，王静茹．企业异质性视角下税收优惠对研发投入的激励效

应研究 [J]. 财经论丛, 2020, 33 (05): 32-42.

[67] 娄贺统, 徐恬静. 税收激励对企业技术创新的影响机理研究 [J]. 研究与发展管理, 2008, 20 (06): 88-94.

[68] 罗妙成, 郑开焰, 袁玲. 支持中小企业发展税收政策的国际借鉴研究 [J]. 福建论坛 (人文社会科学版), 2009, 29 (09): 31-35.

[69] 罗妙成. 提高企业自主创新能力的税收政策选择 [J]. 财政研究, 2007, 28 (06): 54-56.

[70] 毛牧然, 王健, 陈凡. 我国网络文化产业科技创新税收优惠政策的现状不足与对策 [J]. 中国科技论坛, 2014, 30 (09): 115-120.

[71] 梅玉华, 方重. 论负企业所得税对企业自主创新的激励效应 [J]. 江淮论坛, 2009, 52 (04): 46-53.

[72] 倪红日. 鼓励自主创新的税收政策与制度完善分析 [J]. 税务研究, 2007, 23 (01): 6-10.

[73] 潘明星. 激励自主创新的税收政策研究 [J]. 经济学动态, 2008, 49 (01): 80-82.

[74] 钱霞, 庄杨, 黄晋. 推进企业自主创新的财税政策研究 [J]. 软科学, 2012, 26 (02): 94-97.

[75] 曲顺兰, 路春城. 完善财税政策促进自主创新 [J]. 财政研究, 2006, 27 (05): 26-28.

[76] 曲顺兰, 路春城. 自主创新与财税政策效应 [J]. 税务研究, 2007, 23 (01): 17-20.

[77] 阮家福. 论自主创新与税收激励 [J]. 税务研究, 2009, 25 (05): 45-47.

[78] 邵学峰, 王爽. 激励企业科技创新的税收政策研究 [J]. 经济纵横, 2012, 28 (01): 118-121.

[79] 深圳市国际税收研究会课题组. 促进企业自主创新的税收激励政策研究 [J]. 涉外税收, 2006, 19 (12): 45-48.

[80] 石英华. 提升支持自主创新的财税政策有效性研究 [J]. 经济纵横, 2009, 24 (08): 93-95.

［81］宋凌云，王贤彬．重点产业政策、资源重置与产业生产率［J］．管理世界，2013，29（12）：63-77.

［82］孙继红，武建龙，徐玉莲等．促进战略性新兴企业自主创新的税收优惠政策重要性排序——基于企业调查问卷的实证研究［J］．科技与管理，2013，15（04）：1-5.

［83］孙磊．税收优惠政策微观分析指标体系及方法研究——以高新技术企业为例［J］．税务与经济，2011，33（06）：71-76.

［84］孙晓峰．自主创新财政支持的理论基础与政策选择［J］．财经问题研究，2008，30（06）：78-84.

［85］谭光荣，黄慧．新企业所得税法的税收激励效应——基于我国上市高新技术企业的实证分析［J］．财政研究，2010，31（04）：24-27.

［86］汤菲．提升自主创新能力的财税政策研究［J］．经济问题，2007，29（02）：116-118.

［87］王保平．基于自主创新战略下的税收激励思考［J］．税务研究，2007，23（04）：45-47.

［88］吴昌南，钟家福．技术引进税收优惠政策提高了产业创新能力吗——基于《中国鼓励引进技术目录》的准自然实验［J］．当代财经，2020，41（09）：101-113.

［89］王宏起，孙继红，李玥．战略性新兴企业自主创新的税收政策有效性评价研究［J］．中国科技论坛，2013，29（06）：63-69.

［90］王宏起，孙继红，王珊珊．税收政策促进战略性新兴企业自主创新的机理研究［J］．学习与探索，2013，35（02）：117-121.

［91］王华，龚珏．完善支持科技创新的财税政策推动产业结构调整［J］．税务研究，2013，29（03）：3-9.

［92］王俊．R&D补贴对企业R&D投入及创新产出影响的实证研究［J］．科学学研究，2010，28（09）：1368-1374.

［93］王俊．我国政府R&D税收优惠强度的测算及影响效应检验［J］．科研管理，2011，32（09）：157-164.

［94］王敏，李亮．激励中小企业技术创新的税收优惠政策效应研究［J］．

统计与决策，2014，30（24）：170 - 173.

[95] 王乔，饶立新. 高新技术产业税收政策分析与建议 [J]. 税务研究，2007，23（01）：20 - 23.

[96] 王遂昆，郝继伟. 政府补贴、税收与企业研发创新绩效关系研究——基于深圳中小板上市企业的经验证据 [J]. 科技进步与对策，2014，31（09）：92 - 96.

[97] 王玺，姜朋. 鼓励自主创新的税收优惠政策探析 [J]. 税务研究，2010，26（08）：12 - 15.

[98] 王一舒，杨晶，王卫星. 高新技术企业税收优惠政策实施效应及影响因素研究 [J]. 兰州大学学报（社会科学版），2013，57（06）：120 - 126.

[99] 王春元，于井远. 财政补贴、税收优惠与企业自主创新：政策选择与运用 [J]. 财经论丛，2020，33（10）：33 - 43.

[100] 吴祖光，万迪昉，吴卫华. 税收对企业研发投入的影响：挤出效应与避税激励——来自中国创业板上市公司的经验证据 [J]. 研究与发展管理，2013，25（05）：1 - 11.

[101] 武普照，曲世浩，庄静. 促进企业自主创新的税收激励政策研究 [J]. 经济研究参考，2012，34（63）：28 - 34.

[102] 夏杰长，尚铁力. 企业 R＄D 投入的税收激励研究——基于增值税的实证分析 [J]. 涉外税务，2007，20（03）：9 - 12.

[103] 夏杰长，尚铁力. 自主创新与税收政策：理论分析、实证研究与对策建议 [J]. 税务研究，2006，22（06）：6 - 10.

[104] 夏力. 税收优惠能否促进技术创新：基于创业板上市公司的研究 [J]. 中国科技论坛，2012，28（12）：56 - 61.

[105] 肖鹏，吴永红. 企业研发投入的税收优惠政策差异国际经验与启示 [J]. 改革，2009，22（04）：91 - 97.

[106] 谢若晖，孙园. 促进企业自主创新税收政策的几点建议 [J]. 涉外税务，2007，20（06）：75 - 77.

[107] 徐晓，李远勤. 研发费加计扣除政策的实施效果与存在问题分析——以上海市为例 [J]. 科技进步与对策，2011，28（19）：97 - 101.

［108］徐祖跃，彭骥鸣，胡学奎．增强战略性新兴产业自主创新能力的税收激励制度［J］．税务研究，2012，28（06）：3-7.

［109］许景婷，张兵，晏慎友．提升企业技术创新能力的税收优惠政策研究——基于江苏省的宏观分析［J］．生产力研究，2013，28（01）：41-43，4.

［110］许景婷，张兵，张家峰等．税收激励企业技术创新能力提升的效应研究——基于江苏省上市公司的微观数据分析［J］．科技管理研究，2012，32（10）：1-4，24.

［111］严进，殷群．企业自主创新能力三大研究热点述评［J］．江苏社会科学，2014，35（06）：260-266.

［112］杨春梅，杨志宏．激励企业技术创新的税收政策取向［J］．当代经济研究，2010，21（11）：56-59.

［113］杨杨，曹玲燕，杜剑．企业所得税优惠政策对技术创新研发支出的影响——基于我国创业板上市公司数据的实证分析［J］．税务研究，2013，29（03）：24-28.

［114］尹希果，冯潇．我国高技术产业政策效应：时期变迁、区域收敛与行业分化［J］．科学学与科学技术管理，2012，33（04）：34-43.

［115］杨国超，芮萌．高新技术企业税收减免政策的激励效应与迎合效应［J］．经济研究，2020，55（09）：174-191.

［116］张宏翔，熊波．促进企业自主创新的税收政策基于国际比较视角的思考［J］．科技进步与对策，2012，29（22）：140-142.

［117］张济建，章祥．税收政策对高新技术企业研发投入的激励效应研究——基于对95家高新技术企业的问卷调查［J］．江海学刊，2010，53（04）：229-233.

［118］张继良，李琳琳．R&D资助差异与企业技术创新阶段的关系研究［J］．科学学研究，2014，32（11）：1740-1746.

［119］张杰，刘元春，郑文平．为什么出口会抑制中国企业增加值率？——基于政府行为的考察［J］．管理世界，2013，29（06）：12-27，187.

［120］张明喜，王周飞．推进科技型中小企业发展的税收政策［J］．税务

研究，2011，27（06）：27-31.

[121] 张明喜. 促进企业自主创新的税收政策研究 [J]. 中国科技论坛，2009，25（12）：28-47.

[122] 张同斌，高铁梅. 财税政策激励、高新技术产业发展与产业结构调整 [J]. 经济研究，2012，58（05）：58-70.

[123] 张信东，贺亚楠，马小美. R&D 税收优惠政策对企业创新产出的激励效果分析——基于国家级企业技术中心的研究 [J]. 当代财经，2014，35（11）：35-45.

[124] 张兴亮，程琦炜. 表里相济：财政补贴与股权激励在促进企业创新中的协同效应 [J]. 财政研究，2020，41（08）：70-85.

[125] 章文光，王晨. 政策目标、政策工具、政策主体与跨国公司在华研发投资的关联度 [J]. 改革，2013，33（10）：107-114.

[126] 赵春生. 促进企业自主创新的税收优惠政策研究 [J]. 东方企业文化，2013，10（21）：106-107.

[127] 赵岚. 试论支持企业自主创新的税收优惠政策 [J]. 当代经济研究，2007，18（02）：59-63.

[128] 赵月红，许敏. 现行所得税优惠政策对企业 R&D 投入的激励效应研究——基于上市高新技术企业的面板数据 [J]. 科技管理研究，2013，33（24）：104-107.

[129] 中国税务学会学术研究委员会第一课题组，安体富，石恩祥，孙亚等. 支持企业自主创新的税收政策研究 [J]. 税务研究，2007，23（04）：29-38.

[130] 周华伟. 企业 R&D 税收激励政策效应分析 [J]. 财政研究，2013，34（08）：63-66.

[131] 周辉. 税收优惠对技术创新的政策效应分析——基于我国上市公司的实证研究 [J]. 改革与战略，2012，28（08）：67-70.

[132] 朱飞，赵康. 税收政策与企业自主福利：中国现实与美国经验 [J]. 税务研究，2014，30（02）：79-82.

[133] 朱云欢，张明喜. 我国财政补贴对企业研发影响的经验分析 [J].

经济经纬，2010，27（05）：77 – 81.

［134］郑贵华，李呵莉，潘博. 财政补贴和税收优惠对新能源汽车产业R&D 投入的影响［J］. 财经理论与实践，2019，40（04）：101 – 106.

［135］Aghion，P.，E. Caroli and C. Garcia-Penalosa. Inequality and economic growth：The perspective of the new growth theories［J］. Journal of Economics Literature，1999，37（4）：1615 – 1660.

［136］Aghion，P.，M. Dewatripont and P. Rey. Corporategovenrance，competition policy and industrial policy［J］. European Economic Review，1997，41（3 – 5）：797 – 805.

［137］Aghion，P. and J. Tirole. Opening the black box of innovation［J］. European Economic Review，1994，38（3 – 4）：701 – 710.

［138］Aghion，P. and P. Howitt. A model of growth through creative destruction［J］. Econometrica，1992，60（2）：323 – 351.

［139］Baghana R.，Mohnen P.. Effectiveness of R&D tax incentives in small and large enterprises in Québec［J］. Small Business Economics，2009，33（1）：91 – 107.

［140］Bronwyn H.，John V. R.. How effective are fiscal incentives for R&D? A review of the Evidence［J］. Research Policy，2000，29（4/5）：449 – 469.

［141］Buettner T.，Ruf M.. Tax incentives and the location of FDI：Evidence from a panel of German multinationals［J］. International Tax and Public Finance，2007，14（2）：151 – 164.

［142］Buss T. F.. The effect of state tax incentives on economic growth and firm location decisions：An overview of the literature［J］. Economic Development Quarterly，2001，15（1）：90 – 105.

［143］Chen M. C.，Gupta S.. The incentive effects of R&D tax credits：An empirical examination in an emerging economy［J］. Journal of Contemporary Accounting & Economics，2017，13（3）：248 – 272.

［144］Christine S.，Koberg. Facilitators of organizational innovation：The role of life-cycle stage［J］. Journal of Business Venturing，1996，11（2）：133 – 149.

［145］ Cordes J. J.. Tax incentives and R&D spending: A review of the evidence ［J］. Research Policy, 1989, 18 (3): 119 – 133.

［146］ Dale W. Jorgenson. Capital theory and investment behavior ［J］. The American Economic Review, 1962, 53 (2): 247 – 259.

［147］ Devereux M. P., Maffini G., Xing J.. Corporate tax incentives and capital structure: New evidence from UK firm-level tax returns ［J］. Journal of Banking & Finance, 2018, 88 (MAR.): 250 – 266.

［148］ Feldstein M., Clotfelter C.. Tax incentives and charitable contributions in the United States ［J］. Journal of Public Economics, 1976, 5 (1 – 2): 1 – 26.

［149］ Feldstein M. S.. Tax incentives, corporate saving, and capital accumulation in the United States ［J］. Journal of Public Economics, 1973, 2 (2): 0 – 171.

［150］ Griliches Z.. Productivity, R&D and basic research at the firm level in the 1970's ［J］. American Economic Review, 1986, 76 (1): 141 – 154.

［151］ Hai-Hong F., Wan Q. U., Ming-Lu L. I.. Does tax incentives induce R&D investment in firms? ［J］. Studies in Science of Science, 2015, 6 (11): 1507 – 1526.

［152］ Henkdits. Towars a policy framework for the use of knowledge in innovation systems ［J］. Journal of Technology Transfer, 1999, 24 (2 – 3): 211 – 221.

［153］ James H. Love. The determinants of innovation: R&D, technology transfer and networking effects ［J］. Review of Industrial Organization, 1999, 15 (1): 43 – 64.

［154］ John Lunn, Zvi Griliches. R&D, patents, and productivity ［J］. American Journal of Agricultural Economics, 1986, 68 (2), 496.

［155］ Jolley G. J., Lancaster M. F., Gao J.. Tax incentives and business climate: Executive perceptions from incented and nonincented firms ［J］. Economic Development Quarterly: The Journal of American Economic Revitalization, 2015, 29 (2): 180 – 186.

［156］ Kasahara, Hiroyuki, Shimotsu, et al.. Does an R&D tax credit affect

R&D expenditure? The Japanese R&D tax credit reform in 2003 [J]. Journal of the Japanese & International Economies, 2014, 31 (C): 72 –97.

[157] Kostas Galanakis. Innovation process make sense using systems thinking [J]. Technovation, 2006, 26 (11): 1222 –1232.

[158] Lichtenberg, Frank R.. The effect of government funding on private industrial research and development: a re-assessment [J]. The Journal of Industrial Economics, 1987, 36 (1): 97 –104.

[159] Link, Albert N.. An analysis of the composition of R&D spending [J]. Southern Journal of Economics, 1982, 49 (2): 342 –349.

[160] Manly T. S., Thomas D. W., Schulman C. T.. Tax incentives for economic growth: Capital investment or research [J]. Advances in Taxation, 2006, 17 (17): 95 –120.

[161] Mansfield E., Lome S.. Effects of federal support on company-financed R&D: The case of energy [J]. Management Science, 1984, 30 (5): 562 –571.

[162] Matthias A., Dirk C.. The effects of public R&D subsidies on firms' innovation activities: The case of eastern germany [J]. Journal of Business and Economic Statistics, 2003, 21 (2): 226 –236.

[163] Mercer-Blackman V.. The impact of research and development tax incentives on Colombia's manufacturing sector: What difference do they make? [J]. IMF Working Papers, 2008, 08 (178): 1 –53.

[164] Nick B., Rachel G., John V. R.. Do R&D tax credits work? Evidence from a panel of countries 1979 – 1997 [J]. Journal of Public Economics, 2002, 85 (1): 1 –31.

[165] Nirupama R.. Do tax credits stimulate R&D spending? The effect of the R&D tax credit in its first decade [J]. Journal of Public Economics, 2016, 140 (8): 1 –12.

[166] Park W. G.. A theoretical model of government research and growth [J]. Journal of Economic Behavior and Organization, 1998, 34 (1): 69 –85.

[167] Paul A. David, H. Hall, Andrew A. Toole. Is public R&D a comple-

ment or substitute for private R&D? A review of the econometric evidence [J]. Research Policy, 2000, 29 (4 – 5): 497 – 529.

[168] Political Science. Tax incentives for investment: A global perspective experiences in MENA and Non-MENA countries [J]. Source OECD Emerging Economies, 2008: 238 – 276 (39).

[169] Raffaello Bronzini, PaoloPiselli. The impact of R&D subsidies on firm innovation [J]. Research Policy, 2016, 45 (2): 442 – 457.

[170] Romer P. M.. Increasing returns and long-run growth [J]. Journal of Political Economy, 1999, 94 (5): 1002 – 1037.

[171] Schuknecht L.. Fiscal policy cycles and public expenditure in developing countries [J]. Public Choice, 2000, 102 (1 – 2): 115 – 130.

[172] Shih M. S. H.. Corporate tax incentives for conglomerate mergers: Model development and empirical evidence [J]. Contemporary Accounting Research, 1996, 10 (2): 453 – 481.

[173] Stéphane Lhuillery. The research and development tax incentives: A comparative analysis of various national mechanisms [J]. Febs Letters, 2005, 580 (5): 1497 – 501.

[174] Tassey G.. Tax incentives for innovation: Time to restructure the R&E tax credit [J]. Journal of Technology Transfer, 2007, 32 (6): 605 – 615.

[175] Vittorio A. Torbianelli. From transitional to innovation: Policy issues in a knowledge-based economy [J]. Transition Studies Review, 2005, 12 (2): 240 – 253.

[176] Yun Jeong Chol, Jinook Jeong. Testing for the ratchet effect in the R&D tax credit [J]. International Economic Journal, 2015, 29 (2): 327 – 341.

后　记

本书是在我的博士学位论文基础上进一步完善而成，也是我有生之年完成的第一部著作，书的完成过程就如我攻读博士学位的过程，着实充满了艰辛，同时也集聚了师长、家人、朋友及同事等众多人的关心、支持与帮助。正因如此，伴随书的出版，思绪万千，让我不禁想起攻读博士学位过程的点点滴滴，满是回忆与感恩，借此后记以鸣谢及明志。

一直很喜欢网络上流传的一首小诗中的一句话："在命运为你安排的属于自己的时区里，一切都准时。"虽然如此，但我总还是觉得相比同龄人，属于我的时区安排是否在时间上总有一些不准时，总要慢那么半拍甚至一两拍。与现如今绝大多数人都是获得博士学位后，甚至博士后出站后再进入高校从教不同，本科毕业就步入高校教师行列的我，傻乎乎地直到工作11年之后才有幸重回母校江西财经大学攻读博士学位。

虽然说条条道路通罗马，但处于拖家带口、生活琐事缠身、职称晋升压力极大的尴尬年龄，这样的路径还是较为艰辛，更需要坚持的勇气、决心和毅力。幸亏在这条较为艰辛的道路上有亲人、良师、益友及同事的陪伴，才使行走在道路上的我虽然艰辛，但从不觉得孤独，甚至很有力量。他们在每一个阶段，包括博士入学考试准备阶段、攻读博士学位期间以及博士论文撰写期间，都给了我莫大的鼓励、支持和帮助。在此，要对所有人表示深深的谢意。

感谢我的导师万莹教授，作为她博士生开门弟子的我，在学习上、工作上和生活上都得到了她很多指导和帮助。尤其是我的博士论文撰写，从研究方向的确定，到论文选题的凝练、整体写作逻辑框架搭建、资料数据获取路径、分析方法的选择，再到政策建议的针对性提出，最后到论文逐词逐句斟酌、打磨，无一不深受导师的启发和指导。此外，从论文指导过程中所透露出的导师对学科前沿的把握、对专业知识的精通、对研究结论和政策建议的审慎，以及对科学研究方向的坚持、聚焦和孜孜不倦地追求，都值得我终身学习。

感谢我的母校江西财经大学哺育我"信、敏、廉、毅"的精神，感谢我学习所在的财税与公共管理学院教会我"尚德、尚公"的为人处世准则，以及给我们创造的优越学习环境和良好研究平台，这都将使我终身受益。感谢王乔教授、蒋金法教授、匡小平教授、李春根教授、陈荣教授、姚林香教授、席卫群教授、杨得前教授、张仲芳教授、伍红教授、肖建华教授等，他们的渊博知识、谦虚态度值得我一生敬仰。

感谢我供职的江西农业大学和我所在的经济管理学院，16年来，我一直秉持她所倡导的厚德博学、抱璞守真精神教书育人，见证了她16年的发展、变化，是她成就了江农人纯真朴实的为人态度、踏实肯干的工作作风。感谢这里的所有同事，包括黄英金教授、熊红华书记、郭军海书记、翁贞林教授、张春美教授、陈美球教授、朱述斌教授、陈昭玖教授、郭锦墉教授、胡凯教授、李道和教授、廖文梅教授、林斌教授、周波教授、王火根教授、张征华教授等，他们在学习、工作和生活上给予我的关心、帮助和支持使我一生难忘。

感谢我的所有亲人，尤其是我的两位父亲和两位母亲，他们养育了我的爱人和我，并且在我们相遇、相知、相爱之后一直给予无声的支持和毫无怨言的付出，替我们分担了许多家庭琐事，让我和爱人能够最大限度地安心学习和工作。感谢我的爱人，她时时刻刻都在与我一起分享快乐和分担忧愁，同为大学教师的她和我一样一直在努力做一个温暖善良的人，教书育人、传道授业。感谢我的儿子和女儿，他们的成长过程带给我很多无法替代的体验，他们教会了我如何变得更加包容，如何耐心的等待，更使我真正体会到了父母养育儿女的艰辛。

感谢我自己，几年的博士生涯，虽然较为艰辛，进步较慢，但我一直坚持着，一直努力着，一直奋斗着。感谢自己的坚持、努力和奋斗，使得几年来也有一些小小的收获。2016 年，获得国家公派留学资格，以访问学者身份赴澳大利亚纽卡斯尔大学，师从国际知名行为经济学和制度经济学者莫里斯·奥特曼（Morris Altman）教授从事行为经济学和制度经济学学习研究。2016 年，获得教育部人文社会科学研究青年项目立项。同样是 2016 年，获得了更高一级职称的晋升，并取得硕士研究生导师资格。2019 年，获得国家哲学社会科学基金一般项目立项。这些使我真正体会到努力终究会有收获的道理，最坏的结果无非就是来得晚一些。

我深知，在我的人生道路上还有很多人为我伸出过援手，也还会有许多人将会为我伸出援手，在此一并表示最诚挚的谢意。我无法一一回报，唯有时刻心存感激，时刻活在从容、笃定和盼望中，努力做一个温暖而善良的人。